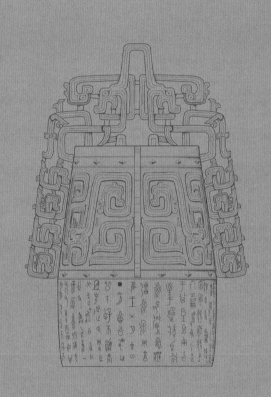

本书为

2021 年度国家社科基金重大项目

"湖北随州枣树林春秋曾国墓地考古发掘资料的整理和研究"

（编号：21&ZD236）

————

国家文物局"十三五"重点研究项目

"考古中国——长江中游文明进程研究（夏商周）"

————

阶段性研究成果

龢钟鸣凰

春秋曾国编钟（上）

湖北省文物考古研究院
北京大学考古文博学院 —— 编著
随州市博物馆

文物出版社

图书在版编目（CIP）数据

龢钟鸣凰 : 春秋曾国编钟 / 湖北省文物考古研究院，北京大学考古文博学院，随州市博物馆编著. -- 北京：文物出版社，2023.6

ISBN 978-7-5010-8058-8

Ⅰ.①龢… Ⅱ.①湖… ②北… ③随… Ⅲ.①编钟-古乐器—考古—研究—湖北—春秋时代 Ⅳ.①K875.54

中国国家版本馆CIP数据核字（2023）第096129号

龢钟鸣凰——春秋曾国编钟

编　　著	湖北省文物考古研究院
	北京大学考古文博学院
	随州市博物馆

责任编辑　乔汉英　杨新改
责任印制　张道奇

出版发行　文物出版社
社　　址　北京市东城区东直门内北小街2号楼
邮　　编　100007
网　　址　http://www.wenwu.com
经　　销　新华书店
制版印刷　天津图文方嘉印刷有限公司
开　　本　889mm×1194mm　1/16
印　　张　31
版　　次　2023年6月第1版
印　　次　2023年6月第1次印刷
书　　号　ISBN 978-7-5010-8058-8
定　　价　800.00元（上、下册）

编 辑 委 员 会

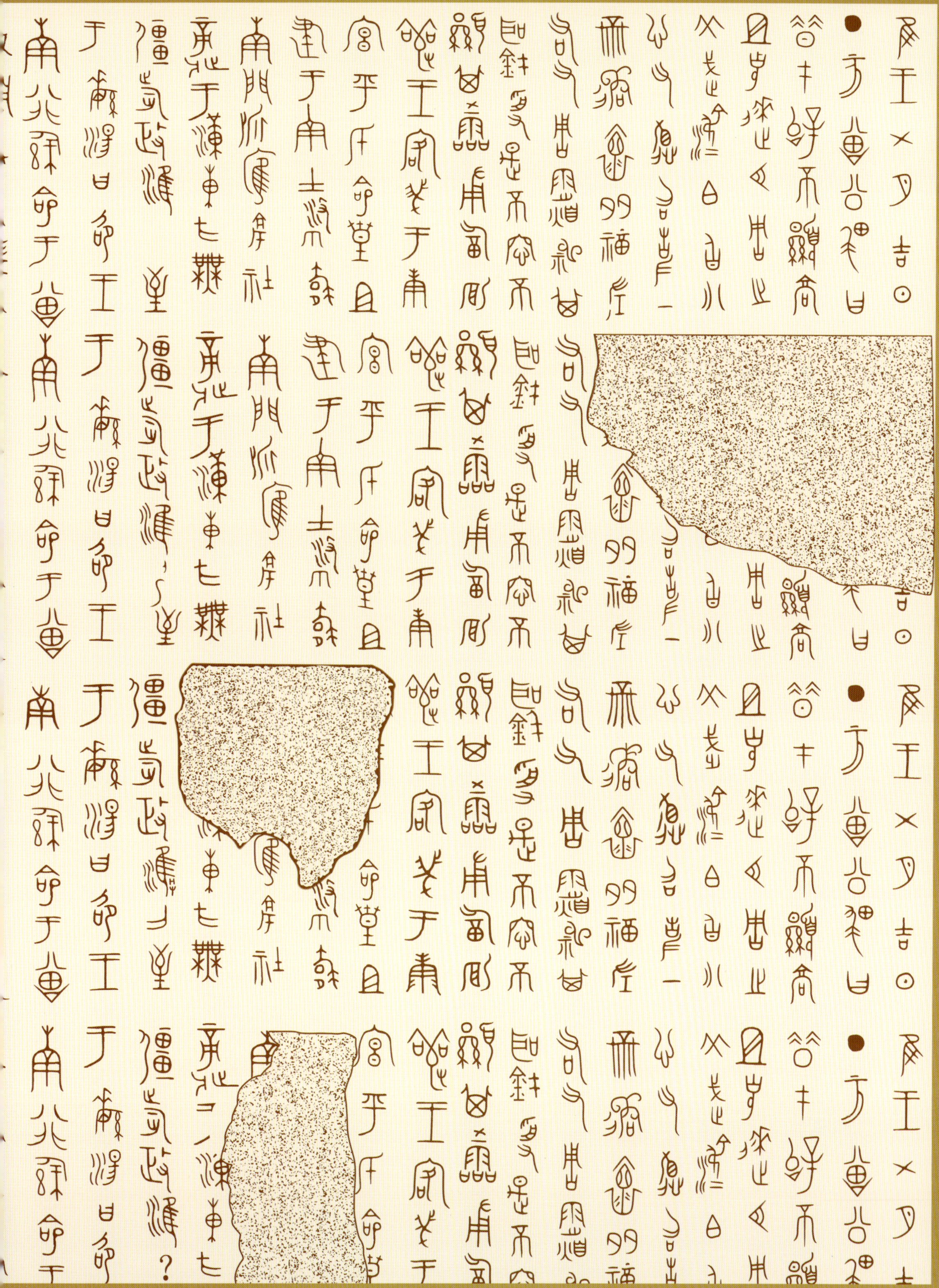

目 录

序

  自 1978 年随州曾侯乙墓发现以来，经过四十余年的考古工作，曾国这一重要的先秦诸侯国的历史文化面貌已经基本呈现于世，从西周早期至战国中期，从国君到中小贵族的墓葬及中心区域遗存都有揭露，成为目前中国考古学文化序列最为完整清晰的周代封国。

  为数众多的音乐文物是曾国考古最为丰硕的成果。在随州叶家山、枣阳郭家庙和随州文峰塔、枣树林墓地出土了大量乐器，特别是数量庞大的青铜编钟。编钟上所铸的长篇铭文为破解"曾国之谜"提供了关键线索，是重要的历史文献。曾国作为周王室分封至江汉地区的重要姬姓诸侯国，其乐器形制、组合反映了两周时期的礼制规定与变革，为系统研究先秦礼乐制度提供了宝贵材料。

  从音乐上看，自西周早期到战国中期长达七百多年的时间，从随州叶家山编钟的"四声七音"、枣阳郭家庙钮钟的"五正声"组合，到曾侯乙编钟基本形成了"十二律"，中国古代乐音体系得以构建完成。以编钟为代表的曾国音乐考古发现为我们揭示出华夏早期乐音体系的发展历程。

  2009 年以来，我们在随州市义地岗墓群文峰塔墓地及枣树林墓地开展工作，陆续发现了大量成套的春秋时期曾国编钟，数量之多、时间跨度之长、铭文内容之丰富、铸造工艺之精美，在两周时期绝无仅有。这些考古发现正处于春秋中晚期这一社会变革和文化转型期，不仅丰富了对曾国历史的认识，更填补了曾国编钟谱系中的缺环。

  我们对随州枣树林 M129 编钟（16 件甬钟、4 件镈钟）的测音结果进行了分析，除去若干残件外，这套编钟发音灵敏，多数音高稳定，正鼓音总体而言音高清晰，音色纯净，低音钟浑厚、饱满，中音钟圆润、醇厚，高音钟清澈、明亮。乐音体系基本属于 $^\flat$E 宫系统，以甬钟的中声区为样本，其基本音级为徵、羽、宫、商、角、和，为六声十八律，能同时满足 $^\flat$E 五声宫调系统和 $^\flat$A 五声宫调系统的运用。从这个意义上讲，M129编钟的乐音体系为两个宫调系统的集合。这一结果为我们深入了解从"五正声"到"七声"再到曾侯乙编钟"十二律"乐音体系的形成过程提供了契机。

目前有关春秋曾国编钟的研究多集中在某一个方面，相对比较分散，尚无一部专门介绍编钟的图录。为便于学界研究，我们整理随州义地岗墓群枣树林墓地新出土编钟材料，另收录文峰塔墓地编钟及传世编钟资料，汇集成册，以飨读者。我们相信，随着对新资料的陆续整理和深入研究，曾国考古将不断取得新的突破。

湖北省文物考古研究院院长

前 言

　　20世纪70年代随州曾侯乙墓的发掘揭开了曾国考古的序幕，近年来相继发现并发掘了叶家山、文峰塔、郭家庙、苏家垄、枣树林等曾国遗址与墓地（图一），共同构建了周代封国中考古学文化序列最为完整清晰的曾国历史发展脉络，曾国在西周早期至战国中期的存世阶段，从国君到中小贵族的墓葬、中心区域遗存都有揭露，曾国成为商周考古中物质文化面貌揭示最为完整、全面的诸侯国。

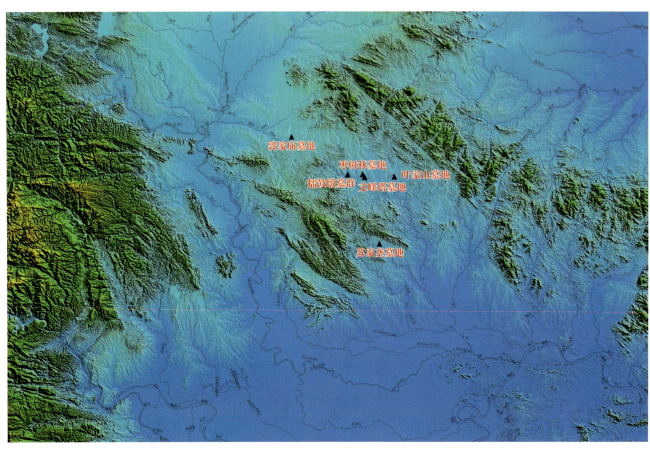

　图一　曾国遗存位置示意图

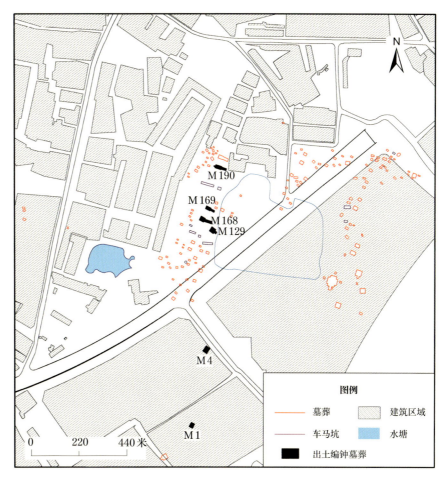

图二　义地岗墓群出土编钟墓葬示意图

　　随州雅称"编钟之乡"，从曾侯乙墓出土 65 件编钟开始，陆续又有大量成套的曾国编钟出土，出土编钟数量之多、时间跨度之长、铸造工艺之精美，在两周时期堪称绝无仅有。较为集中的编钟出土地点是随州市义地岗墓群文峰塔墓地及枣树林墓地（图二；表一），2009 年，湖北省文物考古研究所在义地岗墓群文峰塔墓地发掘了 M1（曾侯舆）[1]，出土编钟 10 件，均为甬钟，其中较为完整的 8 件。2011 年，在 M1 北部约 60 米处发掘了 M4[2]，并追回甬钟 1 件。2017 年，湖北省文物考古研究所在义地岗墓群枣树林墓地发掘了 M129（曾侯得）[3]，出土编钟 20 件，其中镈钟 4 件、甬钟 16 件。2019 年，湖北省文物考古研究所对义地岗墓群枣树林墓地[4]进行主动性发掘，M190（曾公求）出土编钟 34 件，其中镈钟 4 件、甬钟 17 件、钮钟 13 件[5]；M168（曾侯宝）出土编钟 15 件，其中镈钟 2 件、甬钟 13 件，近期又见有山西公安追缴曾侯宝镈钟 1 件、甬钟 1 件[6]；M169（芈加）出土编钟 19 件，均为钮钟[7]。另在《商周青铜器铭文暨图像集成续编》[8]上见有曾侯子钮钟一组 8 件、镈钟一组 4 件，在《商周青铜器铭文暨图像集成》[9]上见有曾侯子钮钟一组 9 件、镈钟一组 4 件。

　　周代奉行"礼乐并重"的治国理念，根据文献与考古发现可知，周代的青铜礼乐器与青铜礼容器一样，在器类、数量、组合等方面都遵循严格的礼制规定，各类礼乐

表一　春秋时期曾国编钟统计表

出土地点	墓号	墓主	镈钟	甬钟	钮钟	总计	备注
未知	未知	曾侯子	8	0	17	25	
枣树林墓地	M190	曾公畎	4	17	13	34	
枣树林墓地	M168	曾侯宝	3	14	0	17	被盗
枣树林墓地	M169	芈加	0	0	19	19	被盗
枣树林墓地	M129	曾侯得	4	16	0	20	
文峰塔墓地	M4	曾侯（？）	0	1	0	1	被盗
文峰塔墓地	M1	曾侯與	0	10	0	10	被盗

　　器是贵族身份等级的标识之一。礼乐器中的青铜编钟作为八音之首，精美庄重且数量庞大，其时空分布范围几乎覆盖两周时期周王朝全境，相较于石、革、丝、竹等乐器，青铜编钟保存较好且部分编钟上可见铭文，蕴含着丰富的历史信息，随着周代社会与文化的发展，青铜编钟的形制、数量、组合发生了显著且复杂的变化，综合上述因素，青铜编钟是窥视周代礼乐制度的重要器类。

　　曾国是周王朝早期分封的重要诸侯国，存在于西周早期至战国中期，作为周王室分封于南方的"汉阳诸姬"之一，其青铜文化面貌十分特殊。西周时期，曾国屏卫周室，青铜文化面貌和礼乐制度与周文化核心区相似，至春秋中期以后周王室衰落，受战争、政治、文化等多方面影响，宗主国易位，其青铜文化面貌和礼乐制度也随之变化。曾国考古发现序列完整、成果颇丰，丰富的考古资料可以帮助我们更好地了解上述变化，其中便包括曾国发达的青铜编钟。自20世纪曾侯乙编钟出土以来，曾国灿烂的青铜音乐文化受到学界的广泛关注，近年来义地岗墓群的发掘填补了春秋时期曾国青铜文化研究的空白，出土了大量春秋时期的青铜编钟，有助于我们进一步了解曾国青铜音乐文化变迁以及春秋时期曾国的历史。

　　至今尚无关于义地岗墓群出土春秋时期曾国青铜编钟的著作，为便于学界研究，我们整理随州义地岗墓群枣树林墓地新出土编钟材料，另收录文峰塔墓地编钟及传世编钟资料，汇集成册，以飨读者。

　　需要说明的是：

　　（1）本书主要介绍春秋时期曾国编钟，主要内容为近两年枣树林墓地新出编钟，因系统整理工作正在进行，铜器修复尚未开展，部分编钟的拓片也未完成，书中部分编钟影像和拓片有缺失、修补等现象，对整体观感有所影响。

　　（2）本书包含部分传世材料，因影像、拓片等资料较为模糊，我们尽所能稍作处理，效果欠佳。在此致歉！

注　释

[1]　湖北省文物考古研究所、随州市博物馆：《随州文峰塔M1（曾侯舆墓）、M2发掘简报》，《江汉考古》2014年第4期。

[2]　湖北省文物考古研究所、随州市博物馆：《湖北随州文峰塔墓地M4发掘简报》，《江汉考古》2015年第1期。

[3]　湖北省文物考古研究所、随州市博物馆、随州市曾都区考古队：《随州汉东东路墓地2017年考古发掘收获》，《江汉考古》2018年第1期。

[4]　湖北省文物考古研究所、北京大学考古文博学院、随州市博物馆等：《湖北随州市枣树林春秋曾国贵族墓地》，《考古》2020年第7期。

[5]　武汉大学历史学院、湖北省文物考古研究院、北京大学考古文博学院等：《湖北随州枣树林墓地190号墓发掘报告》，《考古学报》2023年第1期。

[6]　山西公安追缴，山西大学陈小三教授提供编钟信息及照片。

[7]　湖北省文物考古研究所、北京大学考古文博学院、随州市博物馆等：《湖北随州枣树林墓地2019年发掘收获》，《江汉考古》2019年第3期。

[8]　吴镇烽：《商周青铜器铭文暨图像集成续编》，上海古籍出版社，2016年。

[9]　吴镇烽：《商周青铜器铭文暨图像集成》，上海古籍出版社，2012年。

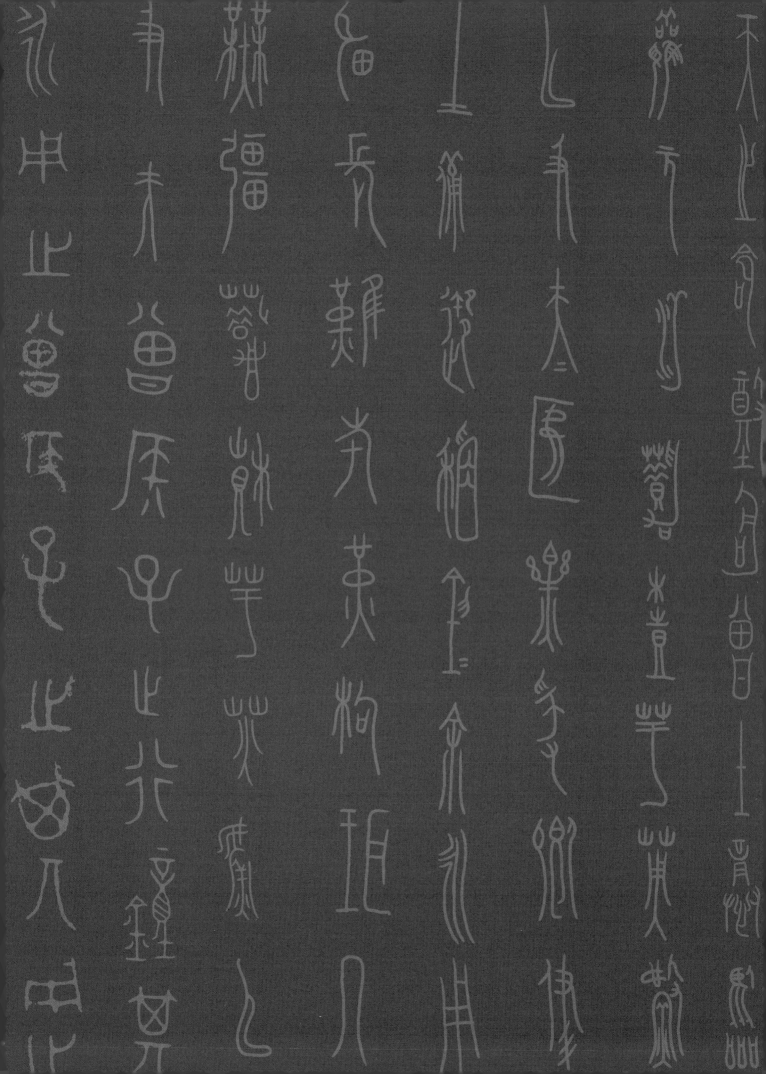

1

[第一单元]

春秋曾国
编钟相关问题研究

春秋曾国编钟的发现与研究

郭长江　陈　虎　〔湖北省文物考古研究院〕

　　1978年，湖北随县曾侯乙墓出土了大量的铜、陶、漆木、金、玉等各类质地的文物15400余件[1]，其中64件铜钟（学术界概称其为"曾侯乙编钟"）以其精美的装饰、多形式、多钟组的组合方式以及与多国音律体系交流的记载，反映出先秦时期音乐的多元化现象，揭开了曾国音乐文物发现的序章。近年，曾国考古发掘持续开展，发现了春秋时期不同阶段、不同形制、不同组合的多组大型铭文编钟，为春秋曾国编钟及两周礼乐制度的深入、系统研究提供了大量实物材料。

一　春秋曾国编钟的发现

　　2009年，湖北省文物考古研究所在义地岗墓群西南部的文峰社区清理了2座春秋晚期曾国墓葬，其中M1被破坏严重，根据痕迹可知其为长方形岩坑竖穴椁室墓，墓口形制不明，墓底南北长7.1、东西宽5.9米，该墓主要出土有鼎、鬲、缶、钟等铜礼器，多件器物上铸有铭文"曾侯與"[2]，其中10件铜钟皆为甬钟，完整和可复原6件，不可复原和残片4件。完整编钟铭文如下："佳（惟）王正月，吉日甲午，曾侯朕（與）曰：白（伯）𦈻（括）上嘗（庸），𢼸（左）𢽟（右）文武，达（挞）殷之命，咒（抚）𢽤（定）天下。王遣（遣）命南公，𤔲（营）宅塑（汭）土，君此淮尸（夷），𥂕（临）有江瀺（夏）。周室之既庳（卑），𢼸（吾）用燮譸楚，吴特有众庶，行乱，西政（征），南伐，乃加于楚，㓝（荆）邦既霐（变？剐？），而天命牺（将）误。有懔（严）曾侯，𦰩=（业业）厥謹（圣），亲博（搏）武攻（功），楚命是㪍（静？），逮（复）𢽤（定）楚王，曾侯之霥（灵脵-乂）穆，曾侯慼（莊）武，悢（畏）詎（忌）共（恭）盝（寅）斋𥅀（盟），伐武之表，怀燮四旁（方）。余𪔚（申）𪔛（固？）楚成，改逮（复）曾疆。择悴（选？）吉金，自酢（作）宗彝，穌钟鸣𪔛（皇），用考（孝）［台（以）］言（享）于悴（辟？）皇昌（祖），以［悉（祈）］𪗉（眉）𤶒（寿）大命之长，期（其）朓（纯）譿（德）降，舍（余）万殊（世）是恼（尚）。"

2011年，又在文峰社区清理1座春秋晚期曾国墓葬M4。墓葬被破坏严重，仅存墓坑底部，根据相关痕迹可知其为长方形竖穴土坑墓，东西残长10、南北宽近8米，椁内可能分为多室结构，墓底有一随葬兽骨的椭圆形腰坑。该墓主要出土有铜器、陶器、骨器、玉器等器物，在出土的青铜戟上可见“曾侯”铭文，由此推测墓主人为曾侯[3]。尤为重要的是追回一件青铜甬钟，钟上铸有铭文34字：“……徇喬（骄）壮武，左右楚王，弗讨是许，穆（穆穆）曾侯，畏忌温龚，□□□□□命，以忧此鰥寡，绥怀彼无□，余……”。

2017～2019年，湖北省文物考古研究所联合北京大学考古文博学院等单位组建联合考古队，对义地岗墓群中部核心地带枣树林墓地已探明的86座墓葬进行发掘，此次发掘曾国墓葬的随葬品多数为铜器，部分铜器有铭文，主要有“曾侯”“曾公”“曾子”“曾孙”“曾叔孙”等。据器物形制、组合、纹饰来看，墓葬年代在春秋中期至春秋晚期。较为重要的发现是出土了4套编钟，共计88件，其中2套编钟铸有长篇记事铭文。

M190，位于枣树林墓地北部，东西向，方向113°，为带斜坡墓道的“甲”字形墓，由墓道和墓室两部分组成，墓道东端宽5.2、西端宽5.6、残长11米，深1.64～3.24米；墓室东部宽约6.1、西部宽约5.8米，深约6～7米。M190早期被盗，出土铜器有钟34、鼎5、壶4、簠1、盘1、匜1、铆1件，编钟、鼎、壶上均有铭文“曾公畎”。其中五组编钟由4件镈钟、17件甬钟和13件钮钟组成，编钟完整铭文[4]如下：“隹（唯）王五月吉日丁亥，曾公畎曰：昔在辥不（丕）显高且（祖），克逑（仇）匹周之文武。淑=（淑淑）白（伯）舌（括），小心有德。召事一帝，遹褱（怀）多福。左右有周，𩰫神其鋰（圣）。受是不（丕）宓（宁），不（丕）显其霝（令），甫（匍）匐辰（祇）敬。王客我于康宫，乎厥命。皇且（祖）建于南土，敝（蔽）蔡南门，質（誓）应京社，适于汉东。[南]方无疆，涉政（征）淮夷，至于繁湯（阳）。曰：卲王南行，豫（舍）命于曾，咸成我事，左右有周，易（赐）之甬（用）钺，用政（征）南方。南公之剌（烈），敂（吾）圣有闻，陟降上下，保埶子孙。曰：呜呼！夓（忧）舍（余）乳（孺）火（小）子，余无谤受，隶（肆）余行（注：两字合文）辥卹，卑辥千侏，顝天孔惠，文武之福，有成有庆，福禄日至，复我土疆，择其吉金钖鏞（铝），自乍（作）龢镈宗彝，既淑既平，冬（终）龢且鸣，以享于其皇且（祖）南公，至于趄（桓）庄，以祈永命，眉寿无疆，永保用享。”

M168，位于枣树林墓地中部，东西向，方向119°，为带斜坡墓道的“甲”字形墓，由墓道和墓室两部分组成，墓道长11、口宽3.9、底宽3.4米，深1～3.14米，西部距墓底2.46米；墓室口长6.7、宽5.7米，墓底长6.44、宽5.34米，深5.6米。M168数次被盗，出土铜器有钟15、鼎1、簋2、簠2、鬲1、缶2、铆1件，编钟、簋、缶上均有铭文“曾侯宝”。15件钟由2件镈钟、13件甬钟组成，编钟完整铭文如下：“曾侯宝择其吉金，自乍（作）行钟，其永用之。”

M169，位于枣树林墓地中部，东西向，方向120°，为带斜坡墓道的"甲"字形墓，由墓道和墓室两部分组成，墓道长7.9、口宽3.6、底宽3.28~3.44米，深1~3.52米，西距墓底1.6米；墓室口长6.4、宽5.4米，墓底长6.36、宽5.34米，深5.12米。M169数次被盗，出土铜器有钟19、盘1、匜1、缶2、钶1件等，匕、缶、编钟上均有铭文"芈加"或"加芈"，其中四组编钟全部为钮钟，编钟完整铭文[5]如下："隹（唯）王正月初吉乙亥，曰：白（伯）舌（括）受命，帅禹之堵，有此南洍。余文王之孙，穆之元子，之<出>邦于曾。余非敢作（作）瑰（恥），楚既为伐（忒），敆（吾）徕匹之。密臧我懅，大命毋改。余虣小子加嬭（芈）曰：呜呼！儠（龚）公棗（早）陟，余匈其疆畾（鄙），行相曾邦，以长辞夏，余典册厥德殿，民之氏巨，攸攸骁骁，余［为妇］为夫，余烫顟（显？）下辟，儠（恭）畏传公及我大夫，麤麤豫政，作辞邦家。余择辞吉玄镠黄镈，用自乍（作）宗彝龢钟，以乐好宾嘉客，父兄及我大夫，用考用享，受福无疆，屖其分龢，休淑孔煌，大夫庶士，斋翼酬献歌舞，匜（宴）喜（饎）饮食，易（赐）我霝（令）冬（终）黄耇，用受宝福，其万年毋改，至于孙子，石（庶）保用之。"

M129，位于枣树林墓地中部，东西向，方向115°，为带斜坡墓道的"甲"字形墓，由墓道和墓室两部分组成，墓室东西长8.7、南北宽7.8米，墓道东西残长3.5、南北宽3.4米，残深0~1.2米。M129数次被盗，出土铜器有缶2、盘1、匜1、钟20件，编钟上铸有铭文"曾公得"，编钟由4件镈钟、16件甬钟组成，编钟完整铭文如下："曾公得之行钟，其永用之。"

传世曾侯子编钟目前见有四组25件，《商周青铜器铭文暨图像集成续编》[6]上见有镈钟一组4件，钮钟一组8件；《商周青铜器铭文暨图像集成》[7]上见有镈钟一组4件，钮钟一组9件。镈钟上铸有铭文："隹（唯）王正月初吉丁亥，曾侯子择其吉金，自乍（作）行镈。"钮钟上铭文："曾侯子之其永用之。"

二 相关问题研究

1.春秋曾国编钟的发展演变

甬钟是曾国编钟编列方式中存续时间最长，也是最能体现春秋时期曾国编钟发展变化的，纵观整个春秋阶段的六组甬钟，变化主要体现在于部、甬柱的形制和铜钟纹饰上。甬柱由春秋中期早段的扁圆体逐渐变为春秋中期晚段的细长圆柱体，到了春秋晚期则演变为细长八棱柱形甬；甬上的斡也从春秋中期早中段的半环钮形逐渐变为春秋晚期的方形钮状；钟体的于部逐渐内凹较甚。在纹饰方面，春秋中期钟体纹饰以卷曲龙纹、变形龙纹、顾首龙纹为主，甬柱纹饰则由早段素面或粗线条的蝉纹变为晚段的由细密蟠虺纹构成的蝉纹，旋的纹饰由早段的饰一周"﹀"形龙纹变为晚段饰一周带四个乳突的变形三角龙纹，斡的纹饰也由早段的素面变为晚段的变形三角龙纹。到了春秋晚期，甬钟的主体纹饰发生了较大变化，饰细密的蟠虺纹或蟠螭纹和浮雕蟠虺纹或蟠螭纹，粗阳线界栏改为绚索纹的凸棱，且环带旋的一周均有四个乳突，这是典型楚文化的风格。甬钟纹饰的变化也符合春秋时期曾国青铜容器纹饰的整体发展演变趋势。

目前尚未见春秋晚期曾国钮钟，春秋早中期曾国钮钟整体形制与纹饰相似，均饰龙纹，其变化主要体现在钮的形态上。钟钮由柱状环钮转变为扁方形钮，且钮部渐长。另外值得注意的是，M190及M169出土的钮钟可分两种样式，其中一种我们称为镈形钮钟，钟体呈合瓦形，无扉棱，双龙共躯环钮，钟口于部平齐，微弧，是早期带扉棱镈钟的简化，钟面布局接受了钮钟钟面的布局方式，应属于镈钟由早期形态向晚期形态转变的较早案例。

镈钟的形态在春秋中期发生了较大变化，传统的带扉棱、无枚镈钟在此时期逐渐被一种新型的镈钟取代，新型镈钟在最终确立的过程中出现了两个不同的演变路线，此后镈钟的形制趋于定型。其一是M190、M169镈形钮钟以及曾侯子镈钟，此类钟与钮钟相似，无扉棱，钮部由两个共躯的龙曲折而成，于口微凹，钟面布局亦较早期镈钟有所变化，接受了钮钟钟面的布局方式。另一种是M168镈钟，此类镈钟与传统的扉棱镈钟相似，扁平立钮，上窄下宽呈梯形，钮的下端与相互缠绕的镂空蟠龙相连，平舞，椭圆形，镈体为扁圆筒形，呈合瓦状，由上而下至中部渐张，中下部渐收，钟口平齐略收；铣边无棱，钲部由一组四条龙组成的镂空扉棱划分为四区，钟体上下两道凸弦纹间各有六个菱形乳丁，钲部扉棱两侧各饰一组浮雕龙纹，下端光素。与M190镈钟有所不同的是此镈钟无扉棱。至春秋中期晚段镈钟的形制逐渐固定下来，M129镈钟立钮由两个共躯的龙曲折成梯形，平舞，镈体为扁圆筒形，呈合瓦状，由上而下至中部渐张，中下部渐收，钟口平齐，铣边无棱。钲部、篆部及枚部皆以凸起的粗阳线长方框为界栏，钲的两侧各有九个凸起的三叠层乳丁枚，每侧组成三个枚带和两个篆带，全钟正反两面共有十二个枚带三十六个枚；篆部饰变形龙纹，鼓部和舞部饰龙纹。此后镈钟的形制除钮部及纹饰有所繁复，终东周一世均无较大变化（图一）。

2.春秋曾国编钟的编列方式

曾侯子编钟可见8件镈钟、17件钮钟，这里的镈钟形制与M190、M169镈形钮钟相同，很可能为一元编列的组合形式，这种组合形式还见于淅川下寺M1[8]。曾公䵼编钟的编列组合为镈钟、甬钟、钮钟的三元组合编列方式，4件镈钟形制相同、大小相次，且每件的铭文内容大致相同，应为一组编钟；13件钮钟据形制和铭文内容可分为4件一组的镈形钮钟和9件一组的钮钟；17件甬钟根据铭文内容分为9件一组甬钟和8件一组甬钟。此种三元编列的组合方式见于山东沂水刘家店子春秋莒国国君墓[9]。曾侯宝编钟可见有镈钟与甬钟的二元组合，其中镈钟3件、甬钟14件，3件

时期 类别	春秋早期晚段	春秋中期早段	春秋中期早晚段之际	春秋中期晚段	春秋晚期
甬钟		枣树林 M190：245	枣树林 M168：8	枣树林 M129：7	文峰塔 M1：1
钮钟	曾侯子钮钟	枣树林 M190：248 钮钟	枣树林 M169：21 钮钟		
	曾侯子镈形钮钟	枣树林 M190：262 镈形钮钟	枣树林 M169：10 镈形钮钟		
镈钟	枣树林 M190：35	枣树林 M168：6	枣树林 M129：18		

图一　春秋曾国编钟演变序列

镈钟大小相次，每件铭文内容完整且一致；14件甬钟根据铭文内容可分为3组，第一组2件，第二组6件，第三组6件。曾侯得编钟的编列组合为镈钟、甬钟二元组合编列方式，其中镈钟4件、甬钟16件，4件镈钟形制相同、大小相次，为一组编钟；16件甬钟形制相同、大小不一，每件铭文的内容也都一致，据铭文无法对其进行分组，只能依靠后期的测音。这种二元编列的组合方式见于山东海阳嘴子前村春秋墓[10]和莒南大店殉人墓[11]。曾侯宝夫人芈加为19件编钮钟的一元组合，其中镈形钮钟10件、钮钟9件，根据编钟铭文内容，可将10件镈形钮钟分为三组，第一组4件，第二组1件（据铭文分析至少还缺1件），第三组5件（据铭文分析应缺少2件）；9件钮钟完整编为一组。曾侯舆墓和文峰塔M4都被盗严重，仅剩甬钟，关于曾侯舆编钟的数量及组合，常怀颖认为"从目前看到的曾侯舆编钟，从铭文、大小编次和纹饰观察，至少是属于三列编钟中的10枚个体，按照春秋时期中原地区编钟组合规律的常例，一般以8枚甬钟为一列，最多12枚一列，曾侯舆编钟的三列编钟至少有24枚甬钟，最多可以达到36枚，或许有镈钟、钮钟与甬钟相配"[12]。如果只有甬钟，这种组合方式为战国时期擂鼓墩二号墓所继承[13]。

3.春秋曾国编钟的摆放及礼制

目前所见春秋时期曾国编钟可以明确出土位置的有枣树林墓地M190（曾公䣄）、M168（曾侯宝）、M169（芈加）、M129（曾侯得）及文峰塔墓地M4（曾侯）、M1（曾侯舆），M1编钟因均为墓葬四周采集，具体摆放位置不明。5座可以明确编钟摆放位置的墓葬，椁室内部被划分为若干个小单元，每个单元摆放不同的随葬器物，编钟的具体随葬位置见表一。由表一中信息可知，春秋时期曾国编钟在墓葬中的随葬位置偏向于椁室北部和西北部。

关于编钟的摆放方式，M129曾侯得墓3件镈钟靠西壁南北向排列，剩余1件镈钟与16件甬钟堆置在北壁东西向排列，编磬位于编钟南部呈东西向排列。M168曾

表一　曾国编钟随葬位置

墓主	出土地点	编钟摆放位置	备注
M190（曾公䣄）	枣树林墓地	椁室西北角	
M168（曾侯宝）	枣树林墓地	椁室东南角	被盗
M169（芈加）	枣树林墓地	椁室北部	被盗
M129（曾侯得）	枣树林墓地	椁室西北角	
M4（曾侯）	文峰塔墓地	椁室北部	被盗
M1（曾侯舆）	文峰塔墓地	不明	被盗

侯宝墓被盗，从现存情况看，2件镈钟靠南壁呈东西向排列，13件甬钟大小相扣靠东壁呈南北向分布，编磬放置于墓葬西北角。M169芈加墓被盗，现存情况显示，18件钮钟靠北壁呈东西向排列，其东为编磬，编磬南部为1件钮钟。M190曾公畋墓镈钟、部分甬钟、钮钟靠北壁呈东西向排列，部分甬钟靠西壁呈南北向排列，编磬南北向排列于甬钟南部。这种编钟的曲尺形摆放，与《周礼·春官·小胥》记载的"王宫悬，诸侯轩悬，卿大夫判悬"相吻合，也可以看出"乐悬制度"形成初期的一些迹象。4座墓葬随葬编钟摆放方式虽同为曲尺形，但是其中略有差别，M169芈加墓的编磬位于两组钮钟中间，整体上形成"判悬"的形式，而其余3座墓葬编钟与编磬形成三面环绕的"轩悬"模式，从这个角度上看，M169的级别要低于M129、M168及M190。

三 结语

春秋时期曾国编钟发展演变的总体趋势是，甬钟逐渐增多且甬部渐长，钮钟逐渐消失，镈钟结合传统扉棱镈钟和钮钟的样式逐渐形成一种新的样式。编列方式由曾侯子墓的大量钮钟编列，到中期早段曾公畋墓镈钟、甬钟、钮钟的三元编列组合，再到中期晚段曾侯得墓镈钟、甬钟的二元编列组合，至晚期曾侯與墓则盛行仅使用甬钟的一元编列组合，取代了春秋中期的多元组合方式，到了战国时期擂鼓墩M2编钟组合为32件甬钟，曾侯乙墓编钟组合为1件镈钟和64件甬钟。编钟在墓葬中均呈曲尺形摆放，与编磬一同构成了春秋时期诸侯礼乐"轩悬"及"判悬"制度。春秋中期曾国完成了编钟编列方式以甬钟为核心的转变，甬钟数量的大量增加、钮钟的逐渐消失且出现了M169曾侯夫人墓随葬编钟的情况，在一定程度上反映了春秋时期礼乐制度的变化，也奠定了战国时期曾侯编钟编列方式的基础。曾国对甬钟的偏好既不同于同时期的中原地区墓葬规律，也与同时期楚系墓葬有所差异，曾国编钟的形制和组合均有复古传统，大概如张昌平所言"较多地体现出两周之际前后的传统"[14]。

注 释

[1]　湖北省博物馆：《曾侯乙墓》，文物出版社，1989 年。

[2]　湖北省文物考古研究所、随州市博物馆：《随州文峰塔M1（曾侯與墓）、M2发掘简报》，
　　　　《江汉考古》2014 年第 4 期。

[3]　湖北省文物考古研究所、随州市博物馆：《湖北随州文峰塔墓地M4发掘简报》，《江汉
　　　　考古》2015 年第 1 期。

[4]　郭长江、凡国栋、陈虎等：《曾公畎编钟铭文初步释读》，《江汉考古》2020 年第 1 期。

[5]　郭长江、李晓杨、凡国栋等：《嬭加编钟铭文的初步释读》，《江汉考古》2019 年第 3 期。

[6]　吴镇烽：《商周青铜器铭文暨图像集成续编》，上海古籍出版社，2016 年。

[7]　吴镇烽：《商周青铜器铭文暨图像集成》，上海古籍出版社，2012 年。

[8]　河南省文物研究所、河南省丹江库区考古发掘队、淅川县博物馆：《淅川下寺春秋楚
　　　　墓》，文物出版社，1991 年。

[9]　山东省文物考古研究所、沂水县文物管理站：《山东沂水刘家店子春秋墓发掘简报》，
　　　　《文物》1984 年第 9 期。

[10]　海阳县博物馆：《山东海阳嘴子前村春秋墓出土铜器》，《文物》1985 年第 3 期。

[11]　山东省博物馆、临沂地区文物组、莒南县文化馆：《莒南大店春秋时期莒国殉人墓》，
　　　　《考古学报》1978 年第 3 期。

[12]　本刊编辑部：《"随州文峰塔曾侯與墓"专家座谈会纪要》，《江汉考古》2014 年第 4 期。

[13]　随州市博物馆：《随州擂鼓墩二号墓》，文物出版社，2008 年。

[14]　张昌平：《曾国青铜器研究》，文物出版社，2009 年。

随州枣树林 M129 编钟音乐性能分析

张　翔　〔湖北省博物馆〕

春秋中晚期随州枣树林曾国墓地出土了大量编钟，其中 M129 出土甬钟 16 件、镈钟 4 件，共 20 件。本文在对其采录测音的基础上进行音乐性能分析。

一　乐音分析

1. 乐音

M129 编钟，除 3 件残裂严重者不能测得原音高外，测得乐音 34 个（表一）。甬钟音域为 G3+5～E6−41，约两个八度又一个大六度。镈钟音域为 ♯C3+47～C4−34，约一个小七度。

2. 一钟双音

M129 编钟除 3 件残裂严重外，其他 17 件均能测得"一钟双音"（表二）。

M129 编钟的甬钟音脊对称完整，除 M129∶10 未见调音痕迹外，全部调音位置均经有选择地打磨调试过（图一）。M129∶1、M129∶3、M129∶6、M129∶7、M129∶9、M129∶10、M129∶12、M129∶14 为完整件，双音音程均为小三度。其中 M129∶1 仅四处打磨，M129∶10 则未经打磨。除部分残裂严重者外，余下如 M129∶2、M129∶11 双音音程均为大二度，前者打磨六处，后者打磨八处；M129∶

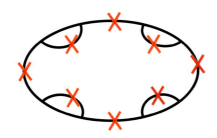

图一　编钟钟口及内壁调音位置示意图（红 × 处为常见打磨位置）

表一　枣树林 M129 编钟测音登记表　　（乐音：Cent；高：cm）

出土号	类别	正鼓音	侧鼓音	完残	通高
M129：1	甬钟	C5+27	♯D5+25	完整	36.6
M129：2	甬钟	♯A3+28	C4+6	一铣残	57.5
M129：3	甬钟	G5-6	♯A5+30	完整	29.3
M129：4	甬钟	C6+8	E6-41	完整	29.7
M129：5	甬钟			残	42.9
M129：6	甬钟	F4+38	♯G4+1	完整	49.1
M129：7	甬钟	♯F5-33	A5-3	完整	33.1
M129：8	甬钟			残	47.5
M129：9	甬钟	♯D4+14	♯F4-13	完整	54.1
M129：10	甬钟	F5+34	A5-31	完整	37.9
M129：11	甬钟	C4+16	D4+25	完整	56.6
M129：12	甬钟	G4+6	♯A4+10	完整	46.1
M129：13	甬钟	G3+5	D4-46	裂纹	53.3
M129：14	甬钟	G5+5	♯A5+48	完整	35.4
M129：15	甬钟			残	35.8
M129：16	甬钟	B5+46	♯D6+17	完整	31.5
M129：17	镈钟	♯C3+47	♯D3+30	完整	45.7
M129：18	镈钟	D3+36	F3+17	裂纹	47.6
M129：19	镈钟	G3-22	♭A3-68	完整	44.4
M129：20	镈钟	♭B3-60	C4-34	完整	41.7

注：本文采用物理标音方式，国际标准音 A4=440Hz。为方便计，文中有个别音名做了等值转换。标本的前后顺序依出土号顺序排列。检测时间：2018 年 5 月 8 日；地点：湖北省文物考古研究所文物整理工作室（随州）；天气：晴转多云；室内温、湿度：20℃、62%；设备：1.便携式计算机（SONY VGN-C22CH），2.测音软件（General Music Analysis System Release 2.0），3.拾音器（M-AUDIO MobilePre USB、BEHRING ECM8000）。参与测音的人员：曾攀、冷岑松、张翔。

4、M129：16 双音音程均为大三度，前者打磨八处，后者只打磨了两处。测音结果显示，小三度在 300±50 Cent，两个大三度也非常接近 350 Cent，M129 甬钟的双音音程总体偏向小三度。

M129 编钟的镈钟除 M129：17 外，其他的镈口内壁均有纵向打磨痕迹。M129：19 有六处，呈现出略接近小二度的双音音程；M129：20 也有六处，双音音程为大二度；M129：18 有三处，其余部分为沿镈口内壁横向弧形打磨所致，双音音程为小三度；M129：17 则全部疑似沿镈口内壁横向弧形打磨所致，双音音程为大二度。总之，镈钟以二度音程为主。

表二　枣树林 M129 编钟"一钟双音"音程登记表　　（单位：Cent）

出土号	类别	双音音分差	参考音程
M129：1	甬钟	298	小三度
M129：2	甬钟	178	大二度
M129：3	甬钟	336	小三度
M129：4	甬钟	351	大三度
M129：6	甬钟	263	小三度
M129：7	甬钟	343	小三度
M129：9	甬钟	273	小三度
M129：10	甬钟	335	小三度
M129：11	甬钟	209	大二度
M129：12	甬钟	304	小三度
M129：13	甬钟	649	增四度
M129：14	甬钟	343	小三度
M129：16	甬钟	371	大三度
M129：17	镈钟	183	大二度
M129：18	镈钟	281	小三度
M129：19	镈钟	54	小二度
M129：20	镈钟	226	大二度

表三　枣树林 M129 编钟"一钟双音"音程统计表　　（单位：件）

类别	小二度	大二度	小三度	大三度	增四度
镈钟	1	2	1	0	0
甬钟	0	2	8	2	1
小计	1	4	9	2	1

表三中显示，所测"一钟双音"以三度音程为主，小三度占据明显优势。

3.正鼓音

一般而言，决定乐音体系性质的是正鼓音，对正鼓音序列的考察，有利于深入了解编钟乐音体系的发展及宫调实践。M129 编钟正鼓音听测，大多数音高稳定，音程和谐，五声性强（表四）。表四中也列出了三件残裂钟的正鼓音实测值，用作推测的部分依据。

表四中显示，M129 编钟完整件的正鼓音音列明确倾向于 ♭E 为宫（经等音等值转换）。修正值经归零处理后，修正值的绝对值大于 20 Cent 的有 7 件，其中甬钟 3 件，

表四 枣树林 M129 编钟正鼓音听测统计表 （单位：Cent）

序号	出土号	类别	正鼓音	归零	听测	推测	备注
1	M129：1	甬钟	C5+27	C5+13	羽		
2	M129：2	甬钟	♯A3+28	♭B3+14	徵		
3	M129：3	甬钟	G5−6	G5−20	角		
4	M129：4	甬钟	C6+8	C6−6	羽		
5	M129：5	甬钟	A5+26			商	残件
6	M129：6	甬钟	F4+38	F4+24	商		修正值绝对值>20
7	M129：7	甬钟	♯F5−33	F5+53	商		修正值绝对值>20
8	M129：8	甬钟	D5−48			角	残件
9	M129：9	甬钟	♯D4+14	♭E4	宫		
10	M129：10	甬钟	F5+34	F5+20	商		
11	M129：11	甬钟	C4+16	C4+2	羽		
12	M129：12	甬钟	G4+6	G4−8	角		
13	M129：13	甬钟	G3+5	G3−9	角		
14	M129：14	甬钟	G5+5	G5−9	角		
15	M129：15	甬钟	A5+29			羽	残件
16	M129：16	甬钟	B5+46	C6−68	羽		修正值绝对值>20
17	M129：17	镈钟	♯C3+47	C3+133		羽	修正值绝对值>20
18	M129：18	镈钟	D3+36	♭E3−78	宫		修正值绝对值>20
19	M129：19	镈钟	G3−22	G3−36	角		修正值绝对值>20
20	M129：20	镈钟	♭B3−60	♭B3−74	徵		修正值绝对值>20

在13件完整件中仅占比23.1%，证明甬钟正鼓音整体音程关系和谐。镈钟总共4件，修正值经归零处理后，绝对值全部大于20Cent，占比100%，证明镈钟的整体音程关系欠佳，与甬钟的情形相反。一般音域宽广的大型固定音高乐器的乐音，高音区偏高，低音区偏低。M129的镈钟乐音处于整套编钟的低音区，其中3件偏低，亦属正常。

M129的甬钟形制一致、大小相次。根据听测并结合归零处理的结果判断，M129甬钟的正鼓音序列是明确以M129：9为宫的五声音列，包含两组音列（表五）。第二组中的M129：5、M129：8、M129：15为残件，它们的声名是依据第一组及第二组的完整件推测而来。

M129编钟的镈钟正鼓音归零后分别为C3+133、♭E3−78、G3−36、♭B3−74，听测依次为si、do、mi、sol。其中M129：17、M129：18音高比较模糊，结合调音

春·秋·曾·国·编·钟

表五　枣树林 M129 甬钟正鼓音序列　　　　　　　　　　　　　　（单位：Cent）

第一组

序号	1	2	3	4	5	6	7	8	9	10
出土号	M129：13	M129：2	M129：11	M129：9	M129：6	M129：12	M129：1	M129：10	M129：14	M129：16
乐音	G3−9	♭B3+14	C4+2	♭E4	F4+24	G4−8	C5+13	F5+20	G5−9	C6−68
声名	角	徵	羽	宫	商	角	羽	商	角	羽

第二组

序号	1	2	3	4	5	6
出土号	M129：5	M129：8	M129：15	M129：7	M129：3	M129：4
乐音				F5+53	G5−20	C6−6
声名	商	角	羽	商	角	羽

痕迹的情形观察，二者均有沿镈口内壁横向弧形打磨的情形，前者未见沿内壁纵向打磨的痕迹，后者可见三处沿内壁纵向打磨的痕迹。沿镈口内壁横向弧形打磨可能是出于清理镈口改善音色的想法，但其改变音高的作用不如沿内壁纵向打磨有效。调音不到位，加之 M129：18 本身既有裂纹疑似受损，这些可能是此二镈音高比较模糊的原因。

　　一般认为，春秋中期四件镈钟的音列形态来自西周四件组合的甬钟的正鼓音列，即 la、do、mi、sol。鉴于此，si、do、mi、sol 有可能不是 M129 镈钟的最终音列形态。据此推测，这组镈钟的正鼓音序列可能是 la、do、mi、sol，即羽、宫、角、徵（表六）。

4. 全序列

　　M129 编钟的甬钟、镈钟的侧鼓部隔离度，多数低于 10dB。其中那些"一钟双音"双音关系倾向于二度的，侧鼓音可能并不适用（表七）。结合正鼓音的测音情况分析，经过筛选，得到 M129 编钟的乐音全序列（图二）。

　　显然，M129 编钟的乐音体系基本属于♭E 宫系统，以甬钟的中声区为样本，其基本音级为徵、羽、宫、商、角、和，从这个意义上讲，M129 编钟的乐音体系为六声十八律（图三）。

　　事实上，在 M129 编钟乐音体系基础上，可建构"♭E—G—♭B"和"♭A—C—♭E"两个"大三—纯五"框架，能同时满足♭E 五声宫调系统和♭A 五声宫调系统的运用。从这个意义上讲，M129 编钟的乐音体系为两个宫调系统的集合（图四）。

表六 枣树林 M129 铸钟正鼓音序列 （单位：Cent）

序号	1	2	3	4
出土号	M129：17	M129：18	M129：19	M129：20
乐音	C3+133	♭E3－78	G3－36	♭B3－74
声名	羽	宫	角	徵

表七 枣树林 M129 编钟正侧鼓音听测推测表

（乐音：Cent；隔离度：dB）

出土号	类别	序号	正鼓音归零	正鼓音声名	侧鼓音归零	侧鼓音声名	侧鼓部隔离度
M129：17	铸钟	1	C3+133	羽	♭E3+16		12.54
M129：18	铸钟	2	♭E3－78	宫	F3+3		－7.33
M129：19	铸钟	3	G3－36	角	♭A3－84		－23.82
M129：20	铸钟	4	♭B3－74	徵	C4－48		8.95
M129：13	甬钟	1	G3－9	角	D4－60		－13.18
M129：2	甬钟	2	♭B3+14	徵	C4－8		26.21
M129：11	甬钟	3	C4+2	羽	D4+11		20.26
M129：9	甬钟	4	♭E4	宫	F4+73		0
M129：6	甬钟	5	F4+24	商	♭A4－13	和	7.69
M129：12	甬钟	6	G4－8	角	♭B4－4	徵	1.75
M129：1	甬钟	7	C5+13	羽	♭E5+11	宫	26.31
M129：10	甬钟	8	F5+20	商	♭A5+55	和	18.02
M129：14	甬钟	9	G5－9	角	♭B5+34	徵	－2.16
M129：16	甬钟	10	C6－68	羽	♭E6+3	宫	－1.24
M129：5	甬钟	1		商		和	5.83
M129：8	甬钟	2		角		徵	－32.92
M129：15	甬钟	3		羽		宫	20.36
M129：7	甬钟	4	F5+53	商	♭A5+83	和	7.05
M129：3	甬钟	5	G5－20	角	♭B5+16	徵	16.63
M129：4	甬钟	6	C6－6	羽	♭E6+45	宫	21.7

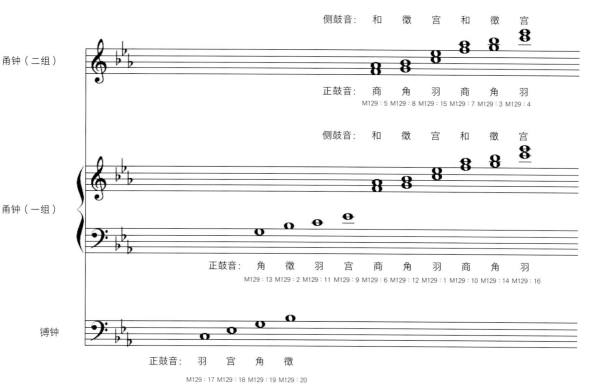

图二　枣树林 M129 编钟乐音全序列

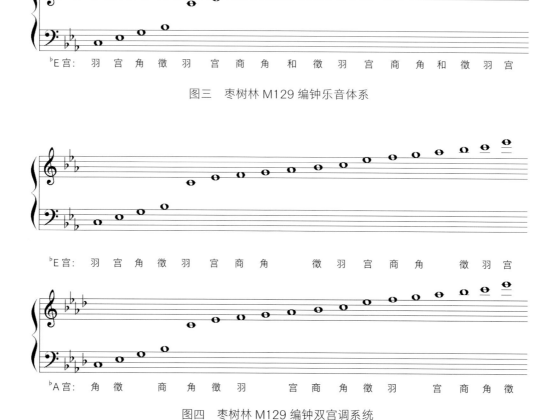

图三　枣树林 M129 编钟乐音体系

图四　枣树林 M129 编钟双宫调系统

二 频谱分析

　　一般情况下，先秦双音钟的声音里总是包括正鼓音和侧鼓音这两种重要的元素，正鼓部或侧鼓部的频谱里，均显示由正鼓音和侧鼓音共同组成的"双峰"现象。钟声是否清晰，取决于正鼓音和侧鼓音声强的差值即隔离度，差值越大说明鼓部音高越清晰，对中小型编钟而言，隔离度在20dB以上，是音响良好的典型特征。钟声是否和谐，取决于正鼓音和侧鼓音的音程，大、小三度，是音响和谐的典型特征。

　　枣树林M129编钟甬钟、镈钟绝大多数正鼓部和侧鼓部的频谱都呈现出双峰现象（图五、图六）。

　　M129编钟频谱的双峰现象，正鼓音不仅在正鼓音频谱里很明确，而且有些在侧鼓部频谱里也占据较大的优势（图七）。

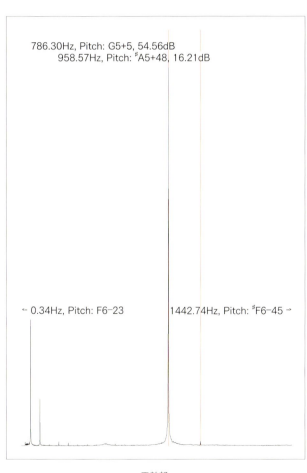

786.30Hz, Pitch: G5+5, 54.56dB
958.57Hz, Pitch: ♯A5+48, 16.21dB

← 0.34Hz, Pitch: F6-23
1442.74Hz, Pitch: ♯F6-45 →

正鼓部

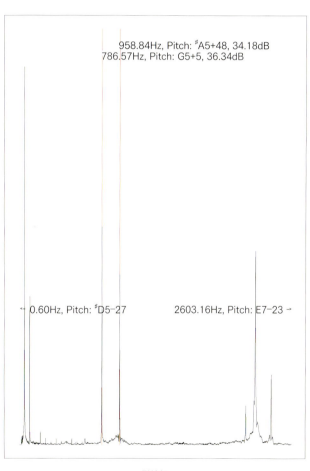

958.84Hz, Pitch: ♯A5+48, 34.18dB
786.57Hz, Pitch: G5+5, 36.34dB

← 0.60Hz, Pitch: ♯D5-27
2603.16Hz, Pitch: E7-23 →

侧鼓部

图五　M129：14 甬钟频谱

226.10Hz, Pitch: A3+40, 44.61dB
258.40Hz, Pitch: C4-29, 25.11dB

← 0.77Hz, Pitch: G5+0   1624.25Hz, Pitch: ♯G6-47 →

正鼓部

257.63Hz, Pitch: C4-34, 41.30dB
226.10Hz, Pitch: A3+40, 32.35dB

← 0.77Hz, Pitch: G5+0   3248.49Hz, Pitch: ♯G7-47 →

侧鼓部

图六　M129：20 铸钟频谱

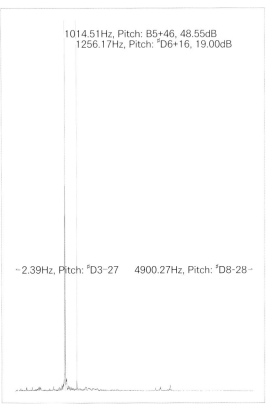

1014.51Hz, Pitch: B5+46, 48.55dB
1256.17Hz, Pitch: ♯D6+16, 19.00dB

← 2.39Hz, Pitch: ♯D3-27   4900.27Hz, Pitch: ♯D8-28 →

正鼓部

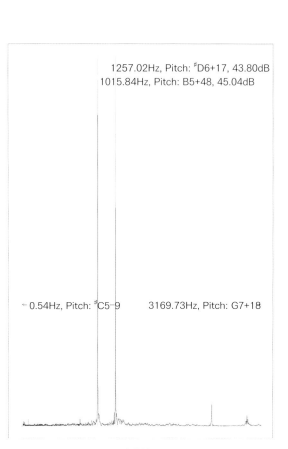

1257.02Hz, Pitch: ♯D6+17, 43.80dB
1015.84Hz, Pitch: B5+48, 45.04dB

← 0.54Hz, Pitch: ♯C5-9   3169.73Hz, Pitch: G7+18

侧鼓部

图七　M129：16 甬钟正、侧鼓部频谱

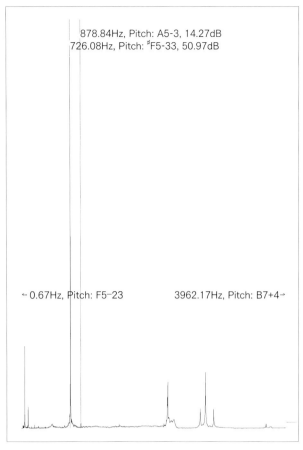

878.84Hz, Pitch: A5-3, 14.27dB
726.08Hz, Pitch: ♯F5-33, 50.97dB

← 0.67Hz, Pitch: F5-23   3962.17Hz, Pitch: B7+4→

图八　M129：7甬钟正鼓部频谱

也有相当一部分"一峰独秀"的情况，多发生在正鼓部钟声频谱里，显示正鼓音异常清晰（图八）。

通过统计可知M129编钟整体音响状况（表八），除开6个残裂件外，正鼓部隔离度大于20dB的有11件，达78.6%，大于30dB的有5件，达35.7%，说明正鼓部声音总体而言音高清晰、音色纯净。除镈钟和残裂件外，甬钟的侧鼓部隔离度低于10dB的有6件，高达54.5%，20dB以上的有3件，仅27.3%，大于30dB的没有，说明甬钟的侧鼓部声音总体而言音高不够清晰、音色不够纯净。

结合前面对乐音体系的推测结果进一步观察，那些侧鼓部隔离度较大的编钟多处于高音区，反过来推测，低音区的那些隔离度偏小的甬钟的侧鼓音可能并不适用。另外，有三件完整件的侧鼓部听测为"和"，其中M129：6、M129：7低于10dB，自然是处于可能并不适用的范围。M129：10侧鼓部隔离度虽然为18.02dB，但其侧鼓音实测音高为A5-31，比同音位的M129：7的侧鼓音——实测音高A5-3低了28Cent，大大超出了人耳宽容度范围为编钟中高音区的音准允差值±8Cent，因此也有可能并不适用。

表八　M129 编钟隔离度统计表　　　　　　　　　　　　　（隔离度：dB）

出土号	类别	正鼓音声名	正鼓部隔离度	侧鼓音声名	侧鼓部隔离度	完残
M129：1	甬钟	羽	20.97	宫	26.31	完整
M129：2	甬钟	徵	10.65		26.21	一铣残
M129：3	甬钟	角	4.44	徵	16.63	完整
M129：4	甬钟	羽	21.42	宫	21.7	完整
M129：5	甬钟	商	4.34	和	5.83	残
M129：6	甬钟	商	22.94	和	7.69	完整
M129：7	甬钟	商	36.7	和	7.05	完整
M129：8	甬钟	角	−7.5	徵	−32.92	残
M129：9	甬钟	宫	33.46		0	完整
M129：10	甬钟	商	25.11	和	18.02	完整
M129：11	甬钟	羽	36.78		20.26	完整
M129：12	甬钟	角	27.23	徵	1.75	完整
M129：13	甬钟	角	16.41		−13.18	裂纹
M129：14	甬钟	角	38.35	徵	−2.16	完整
M129：15	甬钟	羽	30.57	宫	20.36	残
M129：16	甬钟	羽	29.55	宫	−1.24	完整
M129：17	镈钟	羽	12.85		12.54	完整
M129：18	镈钟	宫	15.95		−7.33	裂纹
M129：19	镈钟	角	34.71		−23.82	完整
M129：20	镈钟	徵	19.5		8.95	完整

三　综合评价

M129编钟的甬钟、镈钟，除残裂件外，钟形端庄，发音灵敏，其全音域为 $^{\sharp}$C3+47 ~ E6-41，即三个八度又一个小三度。M129编钟的音准，正鼓音听测，大多数音高稳定，明确倾向于 $^{\flat}$E 为宫。甬钟正鼓音整体音程关系和谐；镈钟的乐音处于整套编钟的低音区，其中3件偏低，亦属正常。

M129编钟的音质，除残裂件外，正鼓部声音总体而言音高清晰、音色纯净。除开镈钟和残裂件外，以及可能并非适用的编钟，余下的甬钟侧鼓音音高清晰、音色纯净。M129编钟，相对而言，低音钟浑厚、饱满，中音钟圆润、醇厚，高音钟清澈、明亮，各音区音色特点明显，富有表现力。

经分析发现，这套编钟的正鼓音在音响效果上整体优于侧鼓音，说明其乐用部位主要是正鼓部。其正鼓部音高序列明确为 $^{\flat}$E 宫系统。

略论春秋时期曾国的青铜编钟与葬钟制度

柴政良　张闻捷[*]　〔厦门大学历史与文化遗产学院〕

历经近半个世纪，在几代人的努力下，考古工作者"挖"出了不见于史籍的神秘诸侯国——曾国，由考古写就了一部"曾世家"[1]。至于当下，曾国的考古学文化序列已基本建立，曾国成为历史最完整的周代诸侯国之一。作为不见于史籍记载的列国，曾国的文化面貌、国族属性等皆只能从其辉煌灿烂的青铜文化中钩沉索隐，研究材料便是大量出土的曾国青铜器[2]。众多制作精美、组合完整的曾国青铜器向我们展示了两千多年前"汉东大国"的磅礴气势，其中尤以多套大型编钟为盛。

如果说独树一帜的青铜编钟是曾国灿烂青铜文化的"皇冠"，20世纪70年代出土后便举世闻名的曾侯乙编钟便是"皇冠上的明珠"。幸运的是，"明珠"并非孤例，继曾侯乙编钟后，擂鼓墩二号墓编钟、叶家山M111编钟、郭家庙M30编钟等曾国青铜编钟先后出土。近十数年，考古工作者又对随州义地岗墓群进行了多次发掘，这一系列的考古工作发现了多座曾侯级别贵族墓葬，出土了多套青铜编钟，不仅填补了春秋时期曾国编钟的空白，亦为探索春秋时期诸侯级别的葬钟制度增添了宝贵资料。

据不完全统计，春秋时期的曾国青铜编钟计有：枣树林墓地M190曾公畋编钟、枣树林墓地M168曾侯宝编钟、枣树林墓地M169芈加编钟、枣树林墓地M129曾侯得编钟、文峰塔墓地M1曾侯與编钟、文峰塔墓地M4编钟，以及《商周青铜器铭文暨图像集成》收录的传世的曾侯子编钟。这批春秋时期的曾国青铜编钟有如下特点：编钟器主序列较完整，基本涵盖春秋中期至春秋晚期的曾侯；数量庞大且器形齐备，共126件，甬钟、钮钟、镈钟三类乐钟俱全；编钟形制、纹饰变化大，编列组合一脉相承而又动态变化；编钟多有铭文，为研究曾国历史以及周代礼乐制度提供了重要资料。

---

* 柴政良，厦门大学历史与文化遗产学院博士研究生；张闻捷，厦门大学历史与文化遗产学院教授、博士生导师。

本书详尽地收集了上述春秋时期的曾国乐钟，部分重要原始数据系首次公开，实为学界之幸事。承蒙发掘者、整理者不弃，相邀共同撰写此文，以飨学界，敬请方家批评指正！

一　新见春秋曾国编钟的音乐考古学意义

本书收录的这一批春秋时期的曾国青铜编钟，将为曾国音乐考古乃至周代音乐考古研究注入新鲜血液，成为现阶段音乐考古研究的重要材料。

20世纪70年代，考古人员在湖北省随州市发掘了擂鼓墩一号墓，该墓中出土的曾侯乙编钟一经发现便震惊海内外。曾侯乙编钟悬有甬钟、钮钟、镈钟共65件，总重达2567千克，是中国迄今为止发现数量最多、保存最好、音律最完整的组合编钟[3]。曾侯乙编钟发现后，在国内外学术界掀起一场曾国研究、曾国音乐考古学研究的潮流。学界研究曾侯乙编钟的论著、论文多达数百篇，直至今日，曾侯乙编钟研究仍然热度未减。在音乐史学界，曾侯乙编钟的发现与讨论，被视作是中国音乐考古学科辉煌的标志[4]；在考古学界，曾侯乙墓的发现与讨论，同样被视作曾国青铜器研究最新阶段的标志[5]。

曾侯乙编钟发现后的20世纪80年代至21世纪初期，曾国其他青铜编钟虽有零星出土[6]，但音乐考古学研究的热度和系统性却终未超过曾侯乙编钟，无法更进一步。究其原因，首先，曾侯乙编钟数量庞大、组合复杂，此类大型组合编钟在彼时的学术界尚属首见，更新了许多学界的旧有认识，而这一时期零星出土的其他编钟则多数量较少、组合简单；第二，曾侯乙编钟保存较好，钟体、钟架几乎完整，直观地展示了曾侯贵族的葬钟陈列情境，为进一步讨论编钟埋藏情况、葬钟制度奠定了基础；第三，曾侯乙编钟上可见大量铭文，为研究器主人身份、编钟音律提供了充足的材料；第四，曾侯乙墓自发现后广受国内外学术界关注，其保存较好的钟体为音律测音、冶金铸造工艺等研究提供了条件，历史学、考古学、音乐学、冶金学等多学科的研究者通力合作，共同促进了曾侯乙编钟研究的深入。

本书收录的这一批春秋时期曾国青铜编钟正符合上述曾侯乙编钟所具备的研究优势。首先，春秋时期曾国青铜编钟数量庞大、组合复杂。这批编钟共计126件，既有仅以甬钟组成的"一元组合"编钟[7]（曾侯與编钟），也有甬镈组合或钮镈组合的"二元组合"编钟（曾侯子编钟、曾侯得编钟等），还有甬钟、钮钟、镈钟共同组成的"三元组合"大型编钟（曾公畎编钟）。根据铭文得知，曾公畎编钟由一套"穌钟"与"行钟"共同组成，这更为葬钟制度提供了讨论条件；其次，春秋时期曾国青铜编钟保存较好，尽管义地岗墓群被盗严重，但仍有M190曾公畎编钟、M129曾侯得编钟得以整套幸存，完整的编钟组合为讨论曾国葬钟制度提供了不可或缺的材料；最后，这批编钟较好的保存环境和优良的质地，为后续测音工作也提供了条件（可参看本书中乐钟于口图像，大部分乐钟有调音痕迹）。

另值得注意的是，这批春秋时期的曾国编钟钟体多有铭文。长篇铭文内容涉及曾国的始封、疆域、曾楚关系等重要历史信息；而短篇器名铭文则呈现出较强的统一性，其自铭限定词均为"行"。曾公畎行钟铭文："佳王正月初吉丁亥，曾公畎择其吉金，自乍（作）行钟，其永用之"，曾侯宝编钟铭文："曾侯宝择其吉金，自乍（作）行钟，其永用之"，曾侯得编钟铭文："曾公得之行钟，其永用之"，曾侯子编钟铭文："曾侯子之行钟，其永用之"。我们知道，周代使用行器随葬始见于西周时期，盛行于春秋阶段，至战国时期少见，其流行空间范围主要为南方汉淮流域诸国，包括曾、唐、黄、申、樊、钟离、蔡等诸侯国。而行钟随葬则较为少见，其功能和制度尚存在争议。除这批春秋时期曾国青铜编钟外，仅见寿县蔡侯墓行钟和钟离君柏墓行钟两例，皆属于春秋晚期阶段。而目前新出土的曾国这几套行钟年代均为春秋中期，这提示我们最早的行钟或许发源于曾国，并引领了春秋时期编钟功能专门化趋势以及葬钟制度变革的新潮流。

春秋时期的曾国编钟序列完整、内涵丰富，本书的出版以及这批资料的进一步整理公开，将促成对相关乐钟类型学、音律音列、乐钟组合等多方面研究，承继由曾侯乙编钟开创的音乐考古学研究范式，推动曾国音乐考古学进入新的研究阶段，进一步丰富曾国灿烂的音乐史。

二　曾国乐钟的形制、纹饰演变

新见春秋时期曾国青铜编钟共计126件，数量可观，且甬钟、钮钟、镈钟齐备，极大地丰富了曾国的青铜乐钟资料，亦为初步讨论曾国乐钟的形制、纹饰演变提供了条件。既有研究已经指出了乐钟类型学分析的可行性和必要性，并初步建立起乐钟类型学的讨论标准[8]，在此基础上，我们可以对曾国编钟的形制、纹饰演变规律进行简要分析[9]。

1.甬钟

曾国甬钟可依据枚的形态分为A型柱状枚（包含截锥状枚）、B型乳丁状枚（包含螺旋状乳丁枚）、C型圆泡状枚、D型无枚甬钟四型。通览曾国甬钟，各型又可按照甬部形态以及主题纹饰的变化进行式的划分。

A型　柱状枚。

Ⅰ式　圆柱状甬，篆带及鼓部饰云纹。标本：叶家山M111甬钟。

Ⅱ式　圆柱状甬，甬部篆带饰夔龙纹，鼓部饰阴刻对称大夔龙纹。标本：枣树林M190甬钟、枣树林M168甬钟、枣树林M129甬钟。

Ⅲ式　八棱柱状甬，篆带饰浮雕蟠螭纹，鼓部饰浮雕蟠螭纹组成的对称大龙纹。

标本：文峰塔M4甬钟、文峰塔M1甬钟。

Ⅳ式　八棱柱状长甬，篆带饰浮雕蟠螭纹，鼓部饰蟠螭纹组成的蝶翅状复合纹饰。标本：擂鼓墩M1长枚甬钟、擂鼓墩M2长枚甬钟。

A型另有一组特殊标本，擂鼓墩M1大型长枚甬钟，圆柱状甬，篆带饰浮雕蟠螭纹，鼓部饰蟠螭纹组成的蝶翅状复合纹饰。

B型　乳丁状枚。标本：擂鼓墩M1短枚甬钟。

C型　圆泡状枚。标本：擂鼓墩M2圆泡状枚甬钟。

D型　无枚甬钟。标本：擂鼓墩M1无枚甬钟。

自西周早期至战国中期，曾国甬钟的钟体呈合瓦形、上宽下窄、整体瘦长、铣部较直。关于乐钟具体部位的功能，宋代沈括《梦溪笔谈》中曾有简略描述：

"古乐钟皆扁如合瓦，盖钟圆则声长，扁则声短。声短则节，声长则曲；节短处皆相乱，不成音律。后人不知此意，悉为圆钟，急叩之多晃晃尔，清浊不复可辨……枚所以节声而长度异状。枚短则声不能节，而有隆杀。"

曾国甬钟瘦长的合瓦状钟体能够使乐音清亮且短促，并赋予正鼓部和侧鼓部不同音调，实现"一钟双音"。在此基础上，使用较长的柱状枚进一步控制乐音，让钟鸣更显清脆。甬钟的形制或与甬钟在乐钟编组演奏中负责主旋律有关。

在曾国甬钟发展过程中，其甬部不断加长，甬部在钟体通高所占比例也逐渐增大。以A型曾国甬钟为例，统计数据亦说明此观点（表一）。其他地区甬钟并无"甬

表一　曾国甬钟甬高与通高比表

型式	名称	甬高与通高比
A型Ⅰ式	叶家山M111甬钟	0.3142
A型Ⅱ式	枣树林M190甬钟	0.3303
A型Ⅲ式	文峰塔M4甬钟	0.3824
	文峰塔M1甬钟	0.3949
A型Ⅳ式	擂鼓墩M1长枚甬钟	0.4354

资料来源：各墓葬简报、报告中的描述、数据、图片。

部渐长"的现象，以战国早期擂鼓墩M1长枚甬钟、山西潞城潞河M7甬钟、山东临淄淄河店M2甬钟对比样本（图一），可知至于战国早期，曾国甬钟的甬部占通高比例远高于其他地区，正是曾国甬钟区域特征的长时间发展造成了这样的结果。

此外，曾国甬钟的甬部由圆柱状发展为八棱柱状，这种转变或是受到楚文化影响的结果。春秋晚期及之后的文峰塔M4甬钟、文峰塔M1甬钟、擂鼓墩M1甬钟、擂鼓墩M2甬钟的甬部均使用八棱柱状甬，溯其渊源，显然并非来自于春秋中期曾国编钟的自发演变，而是受楚墓淅川下寺M2出土的王孙诰甬钟影响，而且可能代表了春

图一　甬钟甬高与通高对比图

1. 擂鼓墩 M1　2. 潞城潞河 M7　3. 临淄淄河店 M2

秋晚期整个楚文化区内甬钟的形制转变规律。春秋晚期的王孙诰编钟使用组合式甬，旋上部甬为圆柱形，旋下部甬为八棱柱状，这种形态代表了甬钟由圆柱状甬向八棱柱状甬的转变过渡阶段[10]。除上述标本外，南方地区还可见枣阳九连墩 M1 甬钟、湖南省博物馆藏春秋时期八棱甬钟[11]、湖南省博物馆藏战国时期细虺纹甬钟[12]等，北方地区仅见两例，山西万荣庙前蟠螭纹八棱甬钟[13]和山西洪洞南秦 M4 十棱甬钟[14]。

2.钮钟

曾国钮钟可依据枚的形态分为 A 型乳丁状枚钮钟、B 型无枚钮钟两型，各型又根据钟钮形态和主题纹饰的变化进行式的划分。

A 型　乳丁状枚。

Ⅰ式　柱状环钮，篆带饰夔龙纹，鼓部饰由夔龙组成的对称大龙纹。标本：枣树林 M190 钮钟、枣树林 M169 钮钟。

Ⅱ式　扁方形钮，篆带饰夔龙纹，鼓部饰由夔龙组成的对称大龙纹。标本：曾侯子钮钟。

B 型　无枚。

Ⅰ式　柱状环钮，钟体饰窃曲纹。标本：郭家庙 GM21 铃钟。

Ⅱ式　柱状环钮，钟体饰兽面纹。标本：郭家庙 M30 钮钟、季氏梁钮钟、八角楼钮钟。

Ⅲ式　扁方形钮，素面。标本：擂鼓墩 M1 钮钟。

曾国钮钟钟体始终保持钟体上宽下窄、呈合瓦形，铣部较直、整体瘦长，这种形态与前文所述甬钟形态一致。钮钟最早出现于西周晚期，学界多认为其起源于铜

表二　钮钟钮高与通高比表

国别	名称	钮高与通高比	年代
曾国	郭家庙 GM21 钮钟	0.1481	西周晚期
	郭家庙 M30 钮钟	0.1714	西周晚期
	枣树林 M190 钮钟	0.1538	春秋中期
	曾侯子钮钟	0.1851	春秋中期
	擂鼓墩 M1 钮钟	0.2073	战国早期
楚国	叶县旧县 M4	0.1764	春秋中晚期之际
	下寺 M1	0.1924	春秋晚期
	和尚岭 M2	0.2242	春秋晚期
	徐家岭 M3	0.2258	春秋晚期
	寿县蔡侯墓	0.2060	春秋末期
	叶县旧县 M1	0.2274	战国早期
	纸背村	0.2379	战国早期
	天星观 M2	0.2390	战国中期
	长台关 M1	0.2321	战国中期
	平夜君成墓	0.2264	战国中期
	天星观 M1	0.2750	战国中期
中原	新郑金城路	0.2129	春秋中期
	平陆尧店	0.1547	战国早期
	太原金胜村 M88	0.3103	战国早期
	新绛柳泉 M302	0.3693	战国早期
	涉县北关 M1	0.2877	战国时期

资料来源：各墓葬简报、报告中的描述、数据、图片。

铃，与甬钟、镈钟相比，钮钟的出现表现了周人对于音乐性能的追求，并且进一步丰富了编钟的组合。曾国的钮钟与曾国甬钟在枚上有较大的不同，这或许能够解释钮钟在曾国编钟组合中扮演的角色。曾国甬钟多使用柱状枚，乐音清亮短促，而钮钟则主要使用乳丁状枚或无枚，"声不能节，而有隆杀"，曾国的甬钟始终是编钟组合中的主旋律乐钟。

与甬钟甬部一样，曾国钮钟的钟钮亦有渐长趋势，且由柱状环钮转变为扁方形钮。在曾国数据的基础上，增加楚国、中原地区部分钮钟钮高与通高比进行对比，可知两周时期钮钟普遍发展趋势为钮高与通高比逐渐增大（表二）。

3. 镈钟

曾国镈钟可依据枚的形态分为A型无枚镈钟、B型乳丁状枚镈钟两型，各型又按照扉棱形态以及主题纹饰的变化进行式的划分。

A型　无枚。

Ⅰ式　雕虎、雕云扉棱。标本：叶家山M111扉棱镈钟。

Ⅱ式　蟠龙状扉棱。标本：枣树林M190扉棱镈钟。

Ⅲ式　无枚、无扉棱。标本：枣树林M168镈钟。

B型　乳丁状枚。

Ⅰ式　钟体呈扁圆筒状，铣部上半部渐张，下半部渐收，于口平齐。标本：枣树林M129镈钟。

Ⅱ式　钟体呈合瓦状，直铣微弧，于口微凹。标本：曾侯子镈钟、枣树林M190镈钟、枣树林M169镈钟[15]。

曾国镈钟钟体上宽下窄、呈合瓦形、整体瘦长，与甬钟、钮钟较为不同的是镈钟的于口较平，且截面更似椭圆形，这也是由镈钟在组合编钟演奏中所扮演的角色决定的。镈钟在编钟演奏中通常负责低音与节奏，近平的于口和更圆的钟体使得镈钟乐音雄厚低沉。

春秋中期曾国的无枚无扉棱镈钟尚属首见，或是原始扉棱镈钟最后的绝响。镈钟是一种古老的乐器，西周早中期传入中原地区，在春秋中期之前始终保持着较为原始的扉棱、无枚特征，如叶家山M111镈钟、枣树林M190扉棱镈钟等。自春秋中期开始，较为原始的无枚、无扉棱镈钟逐渐被一种新型的镈钟取代，这类新型镈钟钟体呈合瓦形，于口平齐或微凹，钟体形成了类似甬钟的"钲篆枚鼓"功能分区，以新郑金城路编镈[16]、枣树林M190扉棱镈钟为代表，并在春秋晚期演化出更为繁复的钟钮，以太原赵卿墓编镈[17]为代表。

新见春秋时期曾国镈钟为我们更好地理解镈钟形制变化提供了可能。枣树林M168曾侯宝墓中出土的无枚无扉棱镈钟，镈体扁圆筒形呈合瓦状，立钮由两个共躯的龙曲折组成，铣部上半部渐张，下半部渐收，于口平齐。钲部上下各有两周凸弦纹，其间分别饰一周菱形凸起，钲部主体由两条竖行凸棱分为两区，每区装饰由两条相背呈轴对称的龙纹组成的长卷唇龙纹；舞部分为四区，分别饰双头长唇卷尾龙纹。该组镈钟具备枣树林M190扉棱镈钟除扉棱外的所有特征，原本与扉棱连接的镈钮采用了春秋中期新型镈钟的双龙兽钮，这种形态代表了原始扉棱镈钟向新型镈钟的转变环节。

4. 纹饰

纹饰方面，由西周早期几何形云纹发展为西周晚期与春秋早期时形体简单的兽面纹，春秋中期出现相对复杂的夔龙纹以及由龙纹组成的复合纹饰，至春秋晚期，流行蟠螭纹以及由蟠螭纹组成的复合纹饰。从春秋晚期这一阶段开始，曾国乐钟纹饰开始采用浮雕手法，战国早期，蟠螭纹的使用范围进一步扩大，也出现了由蟠螭纹组成的更为复杂的对称大型复合纹饰。我们可以看到，春秋中晚期是曾国编钟形制、纹饰变革的关键期，这与楚文化的兴起与扩张是密不可分的。

三 "曾侯子"编钟的年代

春秋时期曾国编钟也是辨析这一阶段曾侯世系的新线索。学界已根据青铜器的形制、纹饰和铭文信息将义地岗墓群所发现的春秋时期曾侯世系基本厘清，但值得注意的是，《商周青铜器铭文暨图像集成》（以下简称《集成》）中另收录了4组"曾侯子钟"，学界目前多认为"曾侯子（巳）"为春秋时期的某一任曾侯，年代属春秋早期或春秋中期，在世系中的站位早于畎、宝、得三位曾侯[18]。但是，根据曾侯子编钟的形制、纹饰特征，我们认为曾侯子的年代属于春秋中期晚段，晚于曾公畎、曾侯宝，而早于曾侯得、曾侯與。

根据《集成》及《商周青铜器铭文暨图像集成续编》（以下简称《集成续编》），可知曾侯子诸器为传世品，共有25件，可初步分为：A组钮钟9件、B组钮钟8件、C组镈钟4件、D组镈钟4件。A组钮钟和B组钮钟形制、纹饰基本相同，钟体呈合瓦形，扁方钮，平舞，直铣，共三十六根矮乳丁枚，腔体中空。钲间、篆带以粗阳线界隔，舞部饰夔龙纹，篆间饰三角夔龙纹，正鼓部饰对称变形大夔龙纹，器铭"曾侯子之行钟，其永用之"。C组镈钟和D组镈钟形制、纹饰基本相同，钟体截面近椭圆形，近平口，双夔龙对称长环形钮，平舞，共三十六根矮乳丁状枚，腔体中空。钲间、篆间以粗阳线界隔，舞部饰夔龙纹，篆间饰三角夔龙纹，正鼓部饰对称大夔龙纹，器铭"隹王正月初吉丁亥，曾侯子择其吉金，自乍（作）行镈"。

两套曾侯子钮钟的钮部均为扁方形钮，这与春秋中期的曾公畎、曾侯宝的环状钮有较大差异。梳理钮钟的钟钮形态可知，环状钟钮应继承于铜铃的环钮，自出现后持续流行于周代大部分地区，曾公畎、曾侯宝墓中随葬钮钟的钮部均为此类原始简单的环状钮。而曾侯子钮钟的扁方钮首见于春秋中期的楚文化区，之后便在楚文化区替代了圆柱状环钮并持续流行（图二），由此推定曾侯子钮钟的年代上限应晚于曾公畎、曾侯宝钮钟。

曾侯子钟的年代下限可由编钟纹饰推定。曾侯子钮钟钲间、篆带以粗阳线界隔，舞部饰夔龙纹，篆间饰三角夔龙纹，正鼓部饰对称变形大夔龙纹。曾公畎钮钟舞部饰夔龙纹，篆带饰三角龙纹，正鼓部饰对称变形大夔龙纹，芈加钮钟纹饰与曾公畎钮钟纹饰相似。曾侯子钮钟纹饰均为阴刻，属于典型的春秋中期曾国钮钟纹饰风格，与曾公畎、曾侯宝、曾侯得编钟纹饰均属同类。至于春秋晚期，文峰塔M4编钟、文峰塔M1曾侯與编钟纹饰则出现了较大变化。此两组编钟纹饰相似，均大量使用浮雕装饰风格，动物纹样也由夔龙纹转变为浮雕风格的蟠虺纹、蟠螭纹，属于春秋晚期楚文化区内的典型纹饰风格。因此，曾侯子钟年代应早于文峰塔M4编钟和文峰塔M1曾侯與编钟。

那么曾侯子与曾侯得二者的早晚关系如何呢？进一步审视曾侯子与曾侯得钟的纹饰，并对比钟面分区特征相似的曾侯子钮钟和曾侯得甬钟，可以发现，曾侯子钮钟篆带较宽，正鼓部对称变形大夔龙纹上下较宽，龙尾较短而下垂较长，与年代较早的曾公畔钮钟、芈加编钟更相似。曾侯得甬钟篆带较窄，正鼓部对称变形大夔龙纹上下较窄而左右较宽，龙尾长而下垂较短，与曾公畔、芈加编钟差异较大，而具备更多春秋晚期甬钟鼓部纹饰的特征。因此，我们初步推测曾侯子编钟年代应该早于曾侯得编钟（图三）。

图二
钮钟钮部演变示意图
1. 郭家庙 M30 钮钟
2. 季氏梁钮钟
3. 枣树林 M169 钮钟
4. 枣树林 M190 钮钟
5. 曾侯子钮钟 A 组（《集成》卷 27）
6. 曾侯子钮钟 B 组（《集成续编》卷 3）
7. 淅川下寺 M1 钮钟
8. 曾侯乙钮钟
9. 天星观 M2 钮钟

图三
曾侯子钟与其他编钟对比图
1. 曾公畔钮钟
2. 芈加钮钟
3. 曾侯子钮钟
4. 曾侯得甬钟
5. 曾侯得甬钟正鼓部纹饰
6. 莒南老龙腰 M1 编镈（春秋晚期）
7. 万荣庙前蟠螭纹甬钟（春秋晚期）
8. 沂水纪王崮编钟（春秋晚期）

综上所述，我们根据编钟的形制、纹饰演变情况初步推定《集成》和《集成续编》所收录的四组曾侯子钟年代大致为春秋中期晚段，晚于曾公畴、曾侯宝编钟，而早于曾侯得、曾侯與编钟，进一步推定曾侯子在春秋时期曾侯世系中的站位应晚于曾公畴、曾侯宝，而早于曾侯得、曾侯與。

四　春秋时期曾国的葬钟制度

曾侯乙编钟不仅是曾国乐制的代表，亦是探索周代礼乐制度的关键。数十年来，有关曾侯乙编钟的讨论业已取得了丰硕的成果[19]，但少数问题迄今仍然未有定论，如曾侯乙编钟刻意拼合的上、中、下三层钟簴源于哪里？曾侯乙为何使用以甬钟为核心的编钟组合？辨析新见春秋时期曾国编钟及其葬钟制度无疑为解答上述疑问提供了新的启示。

首先值得关注的是枣树林墓地曾公畴、曾侯宝、曾侯得的葬钟组合。枣树林M190曾公畴墓，出土甬钟17件、钮钟9件、镈钟8件。17件甬钟以及4件扉棱镈钟的钟体可见相似的长篇铭文，记载了曾国始封、曾国疆域等重大问题，其自铭专名为"鍸镈"。另外9件钮钟和4件兽钮镈钟[20]钟体可见铭文"隹王正月初吉丁亥，曾公畴择其吉金自乍（作）行钟，其永用之"，说明是另配的行钟一套。枣树林M168曾侯宝墓被盗，连同山西公安追缴文物中的2件曾侯宝钟，共出土镈钟3件、甬钟14件。镈钟、甬钟铭文相同，均为"曾侯宝择其吉金，自乍（作）行钟，其永用之"。枣树林M129曾侯得墓，共出土镈钟4件、甬钟16件，镈钟、甬钟铭文相同，均为"曾公得之行钟，其永用之"。

发掘者已对枣树林M190曾公畴编钟内的17件甬钟和4件扉棱镈钟的铭文进行了详尽的释读，并以全篇铭文的完整性为依据将17件甬钟分为9件一组和8件一组[21]。这种分组方式在发表后受到部分学者质疑，并以铭文不重复为依据将17件甬钟分为三组[22]，亦有其合理性。但值得注意的是，周代编钟往往存在"拼合现象"，贵族们会因为音乐和仪礼编列的变化而拼合原本不属于同一组的编钟[23]。因此，在测音资料尚未公布的情况下，或可参照同时期其他诸侯级别贵族的编列分组。根据既有发现与研究，我们知道9件组编列正是这一时期的常见音列结构[24]，将17件甬钟分为9件组和8件组较为符合这一时期的葬钟组合形式。

很显然，曾公畴"两列甬钟加一列镈钟"的鍸钟组合深刻地影响了后世宝、得两位曾侯。枣树林M168曾侯宝墓被盗，但剩余葬钟组合与曾公畴的两列甬钟加一列镈钟类似，而枣树林M129曾侯得墓的葬钟组合则与曾公畴"两列甬钟加一列镈钟"如出一辙。梳理春秋中期诸侯级别的葬钟组合，我们发现这种三列之制的葬钟结构或许在周代形成了广域上的统一（表三）。

但是，春秋中期曾侯的三列葬钟又与其他诸侯呈现出不同的组合特点：这一时期

表三　春秋时期诸侯级别贵族葬钟组合数据表

名称	甬钟	钮钟	镈钟	年代
新郑乐器坑		10+10 件	4 件	春秋中期
新郑李家楼郑伯墓		10+9 件	4 件	春秋中期
新郑城市信用社 8 号坑		10+10 件	4 件	春秋中期
长清仙人台 M6	5+6 件	9 件		春秋中期
枣树林 M190（除去行钟）	9+8 件		4 件	春秋中期
枣树林 M168（被盗）	14 件		3 件	春秋中期
枣树林 M129	16 件		4 件	春秋中期

资料来源：各墓葬简报、报告中的描述、数据、图片。

的其他诸侯偏爱两列钮钟加一列镈钟，而曾国诸侯则偏爱两列甬钟加一列镈钟。显然，曾侯乙编钟以甬钟为核心的渊源可以追溯至春秋中期早段的曾公畎时期，而介于春秋中期与战国早期之间的春秋晚期文峰塔 M1 曾侯與墓，出土甬钟 10 件，根据形制与铭文可以分为三组，可以推测曾侯與编钟同样采用了三列之制，并且已经完成了甬钟"一元组合"的转变[25]，奠定了战国时期曾侯葬钟制度的基本框架。需要说明的是，这种特殊的甬钟偏好似乎与春秋中晚期楚文化的形成相关，淅川下寺 M2 中出土的王孙诰编钟即是一套由甬钟"一元组合"而成的葬钟，共由 26 件甬钟所组成。

此外，曾侯畎墓中除三列龢钟外，另有一套自铭为"行钟"的编钟，由 9 件钮钟和 4 件兽钮镈钟组成。参照同时期其他诸侯级别贵族墓以及后来的两位曾侯墓，曾公畎墓中的三列龢钟已符合春秋中期诸侯级别贵族葬钟的礼仪要求，这套行钟显然属于额外随葬的一套。前文已经论及，曾侯子行钟的年代晚于曾公畎行钟，因此曾公畎行钟是现存最早的行钟。曾公畎编钟在三列龢钟之外又加入一套行钟，应当是顺应了春秋时期江汉淮地区行器流行的时代潮流，并且刻意改变了其行钟的编列，不与三列龢钟冲突。曾公畎行钟直接影响了后来的曾侯宝与曾侯得，这两位曾侯皆使用全套行钟随葬，但在编列上参考了曾公畎的龢钟组合——也就是春秋中期诸侯级别常见的三列葬钟之制。同时，曾公畎行钟 4 镈 9 钮的行钟编列，也影响了后来的其他曾国贵族，如《集成》所收录的同样使用 4 镈 9 钮编列的两套曾侯子行钟。

综上所述，我们初步认为春秋时期曾侯级别贵族或采用三列编钟的葬钟组合，这种葬钟编列影响了战国时期曾侯乙编钟的组合情况，且曾侯乙编钟以甬钟为核心的用乐选择也应源自春秋时期的曾国编钟。其次，春秋时期曾国编钟还引领了此后的行钟随葬潮流，促进了编钟功能的专门化。最后，我们也认识到春秋时期曾侯葬钟与"曾侯子"编钟组合存在差异，这提示我们"曾侯子"的身份仍需要作进一步地思考，并有待更多考古资料的检验。

注 释

[1]　方勤：《曾国世系及相关问题研究》，《江汉考古》2021年第6期。

[2]　张昌平：《曾国青铜器研究》，文物出版社，2009年。

[3]　湖北省博物馆：《曾侯乙墓》，文物出版社，1989年；邹衡、谭维四：《曾侯乙编钟》，金城出版社、西苑出版社，2015年。

[4]　王子初：《从滥觞到辉煌——音乐考古学在中国》，《音乐研究》2012年第5期。

[5]　张昌平：《曾国青铜器研究》，文物出版社，2009年。

[6]　如湖北随县出土季氏梁编钟、八角楼编钟，湖北枣阳出土的郭家庙M30编钟等。

[7]　张闻捷：《试论春秋晚期乐钟随葬制度的变革——以曾国、晋国为中心》，《中国音乐学》2019年第4期。

[8]　张闻捷：《东周青铜乐钟制度研究》，厦门大学出版社，2021年；柴政良：《曾国乐钟与葬钟制度》，厦门大学硕士学位论文，2021年。

[9]　囿于篇幅限制，具体器物描述本文不赘述，请参看以往简报与图录。

[10]　河南省文物研究所、河南省丹江库区考古发掘队、淅川县博物馆：《淅川下寺春秋楚墓》，文物出版社，1991年。

[11]　《中国音乐文物大系》总编辑部：《中国音乐文物大系Ⅱ：湖南卷》，大象出版社，2006年。

[12]　《中国音乐文物大系》总编辑部：《中国音乐文物大系Ⅱ：湖南卷》，大象出版社，2006年。

[13]　《中国音乐文物大系》总编辑部：《中国音乐文物大系：山西卷》，大象出版社，2000年。

[14]　山西省考古研究所、临汾市文化和旅游局、洪洞县文旅游中心：《山西洪洞南秦墓地春秋墓葬M6发掘简报》，《中国国家博物馆馆刊》2021年第6期。

[15]　发掘者将枣树林M190兽钮镈钟、枣树林M169镈钟定名为"镈形钮钟"。

[16]　《中国音乐文物大系》总编辑部：《中国音乐文物大系：河南卷》，大象出版社，1996年。

[17]　《中国音乐文物大系》总编辑部：《中国音乐文物大系：山西卷》，大象出版社，2000年。

[18]　黄凤春：《曾侯世系编年的初步研究》，《湖南省博物馆馆刊》2018年；王红星、卢川、孙建辉：《曾侯世系辩正》，《长江大学学报（社会科学版）》2021年第3期；黄锦前：《随州汉东东路墓地新出曾侯得铜器及相关问题》，《出土文献》2019年。

[19]　邹衡、谭维四：《历年研究著述目录》，《曾侯乙编钟》，金城出版社、西苑出版社，2015年；《中国音乐文物大系》总编辑部：《曾侯乙墓音乐论著索引》，《中国音乐文物大系：湖北卷》，大象出版社，1999年。

[20]　发掘者称之为"镈形钮钟"。

[21]　郭长江、凡国栋、陈虎等：《曾公畎编钟铭文初步释读》，《江汉考古》2020年第1期。

[22]　石安瑞：《由曾公求（从田）编钟铭文错乱看制铭时所用的写本》，武汉大学简帛网"简帛文库"，http://www.bsm.org.cn/?guwenzi/8287.html，2020年7月24日；朱凤瀚：《枣树林曾侯编钟与叶家山曾侯墓》，《中国国家博物馆馆刊》2020年第11期。

[23]　王友华：《先秦编钟研究》，广西师范大学出版社，2013年。

[24]　王友华：《先秦编钟研究》，广西师范大学出版社，2013年。

[25]　张闻捷：《试论春秋晚期乐钟随葬制度的变革——以曾国、晋国为中心》，《中国音乐学》2019年第4期。

湖北随州出土周代编钟的合金材质分析研究

陈建立　张吉　胡毅捷　〔北京大学考古文博学院〕

郭长江　陈虎　　　　　〔湖北省文物考古研究院〕

20世纪70年代曾侯乙编钟问世，音律谐和，气势磅礴，展现了先秦铜器铸造技术的辉煌成就[1]。近十年来，随州叶家山、义地岗墓群又多次发现青铜编钟[2]。这些编钟从西周初年延续至战国前期，基本勾勒出周代乐钟的发展脉络，展现了长江流域青铜文明的发展水平及其对中国古代礼乐制度的重要贡献。

随枣地区的周代编钟多出自高等级曾国墓葬。甬钟及镈钟仅见于曾侯级大墓，如西周早期的叶家山M111曾侯犺墓出土4件甬钟与1件四虎纹扉棱镈钟[3]，春秋中期的枣树林M190曾公畋墓出土13件钮钟、17件甬钟与4件镈钟[4]。铃钟则见于部分中型墓，如春秋早期的郭家庙M30、春秋中期的季氏梁墓及枣树林M81曾叔孙湛墓[5]等。

随州出土周代编钟的综合研究中，制作技术研究是其中的重要部分。华觉明系统研究了曾侯乙墓出土青铜编钟的铸造技术，对不同尺寸的甬钟、簨簴等铸型设计都进行了分析[6]。在各类铸造技术中，合金工艺对编钟的材料学、声学性能具有显著影响[7]，并为编钟的现代复原提供依据。贾云福最先分析了曾侯乙墓编钟的合金材质及金相组织[8]；叶学贤等检测了季氏梁春秋墓出土部分编铃的成分[9]。近十五年来，黄维及陈建立分析了擂鼓墩M2出土4件战国甬钟的材质[10]，李洋分析了随州文峰塔M1出土3件春秋甬钟的材质[11]。

2017～2019年，随州东郊义地岗墓群接连发现了曾公畋、曾侯宝及曾侯得三位曾侯之墓，出土大量珍贵青铜器。湖北省文物考古研究所与北京大学考古文博学院合作，对义地岗墓群出土编钟进行了系统的科学分析，以期增进对春秋乐器制作技术的了解。

一　随州义地岗墓群出土青铜编钟的成分分析

义地岗墓群出土编钟的成分分析工作在北京大学考古文博学院科技考古实验室完成。样品经镶嵌、打磨、抛光处理，利用Hitachi公司TM3030超景深电子显微镜观察样品微观形貌，并以联用能谱分析成分，结果见表一。

表一　随州义地岗墓群出土青铜编钟成分分析结果

墓区	器物号	器物名	取样部位	实验室编号	质量分（%）						
					O	S	Fe	Cu	Sn	Pb	Si
枣树林	M190：239	甬钟	钟内毛刺	442297	0.2	0.2	1.2	84.4	13.5	0.5	
	M190：245	甬钟	斡部毛刺	442298	0.0	0.5	2.2	88.1	9.2	0.0	
	M190：249	钮钟	内部毛刺	442299	0.2	0.2	0.4	81.3	16.9	1.0	
	M190：262	钮钟	钟内毛刺	442300	0.3	0.3	0.8	82.5	14.7	1.4	
	M190：265	钮钟	钟内毛刺	442301	0.3	0.2	1.2	80.8	16.1	1.5	
	M168：9	甬钟	钟内毛刺	442290	5.2	0.5	0.8	65.0	13.7	14.9	
	M168：12	甬钟	钟内毛刺	442291	1.0	0.4	1.0	79.4	13.1	5.1	
	M168：15	甬钟	钟内毛刺	442292	0.1	0.4	0.1	81.6	14.8	3.0	
	M169：9	镈钟	断裂处	442293	0.4	0.4	0.8	80.0	14.9	3.5	
	M169：13	钮钟	钮部披缝	442294	0.5	0.3	0.3	75.9	19.1	4.0	
	M169：18	钮钟	钟内毛刺	442295	0.6	0.7	1.1	79.8	15.2	2.8	
	M169：23	钮钟	于部残缺	442296	0.5	0.4	0.7	79.4	15.1	4.0	
	M129：1	甬钟	内铸缝	442259	0.4	0.4	1.6	82.6	14.5	0.6	
	M129：2	甬钟	鼓部裂隙	442260	0.5	0.4	1.7	82.1	14.6	0.7	
	M129：5	甬钟	钲残处	442261	0.3	0.4	1.8	80.9	16.1	0.6	
	M129：8	甬钟	钲残处	442262	0.3	0.5	1.4	81.8	15.4	0.6	
	M129：13	甬钟	旋虫铸缝	442263	0.5	0.4	1.8	82.7	14.3	0.4	
	M129：15	甬钟	钲残处	442264	0.6	0.5	2.0	79.8	16.5	0.7	
	M129：16	甬钟	于残处	442265	0.3	0.3	1.4	81.2	15.9	1.0	
	M129：17	镈钟	内铸缝	442266	0.8	0.1	0.5	83.3	13.2	2.0	
	M129：18	镈钟	舞残处	442268	0.6	0.1	0.4	85.5	11.6	1.9	
	M129：19	镈钟	内铸缝	442269	1.1	0.2	0.7	81.9	13.6	2.6	
	M129：20	镈钟	内铸缝	442270	1.2	0.1	0.6	83.7	12.6	1.9	
汉东东路	M81：14-1	铃钟	于部铸疣	442104	0.6	0.7	0.3	91.0	5.8	1.6	
	M81：14-9	铃钟	于部铸疣	442105	0.5	0.7	0.2	82.5	13.7	2.4	
	M81：14-10	铃钟	于铸缝	442106-1	1.3	0.6	0.4	84.1	9.3	4.4	
文峰塔	M1：1	甬钟	铣部	442235-1	0.4	0.7	0.3	86.5	12.1		
			钲残处	442235-2	0.7	1.1	0.3	86.8	11.2		
	M1：2	甬钟	甬部	442236	0.4	0.4	0.3	83.9	14.9	0.1	
	M1：4	甬钟	篆残处	442051	1.6	0.3	0.3	80.4	17.1		0.4

　　本次分析的青铜编钟共29件30个样品，其中甬钟15件、镈钟5件、钮钟6件、铃钟3件，材质均属锡青铜或铅锡青铜。在诸类钟中，汉东东路M81铃钟的材质波动最大，个别锡含量不足6%，其余各墓所出钟的锡含量较为稳定适中，绝大多数处于10%～17%范围内。春秋中期各墓出土编钟的硫、铁含量大多较高，M190：245曾公敩甬钟含铁甚至高于2%，反映铜料由硫化矿冶炼而得，并未经仔细精炼提纯，至春秋晚期偏晚的曾侯與钟，铁含量已降至0.5%以下。

　　义地岗墓群出土编钟的显微金相组织指示器物均为铸造成型，部分样品轻微受热。枣树林M168：12甬钟毛刺基体可见大量细密颗粒或条块状铅单质（图一，1），反映器物具有较高的铅含量。枣树林M169：13钮钟基体可见大量（α+δ）共析体勾连成网状（图一，2），是高锡青铜的典型形貌。枣树林M190：33镈钟局部可见反偏析现象（图一，3），与枣树林M190：262钮钟样品均可见较多红铜晶粒次生腐蚀产物（图一，4），指示器物曾经处于还原性较强的埋藏环境之中。

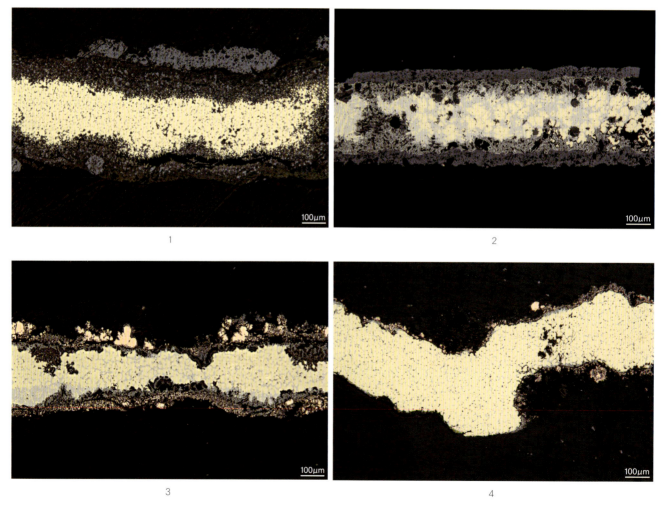

图一　枣树林墓地出土青铜编钟显微金相组织
1. M168：12甬钟 100×　2. M169：13钮钟 100×
3. M190：33镈钟 100×　4. M190：262钮钟 100×

义地岗墓群出土编钟的背散射电子像中可以清晰地观察到富硫、铁夹杂物。枣树林M169：9镈钟及M190：262钮钟样品中均可见灰黑色点状夹杂物弥散分布（图二），指示器物具有较高的硫、铁含量。

义地岗墓群出土编钟的材质与音乐性能有关。枣树林M129共分析编钟11件，其中7件甬钟与4件镈钟成分有显著差异。甬钟锡含量在14%~17%，镈钟则集中于11%~14%；甬钟含铁量明显较高，镈钟则具有较高的铅含量。枣树林M190共分析

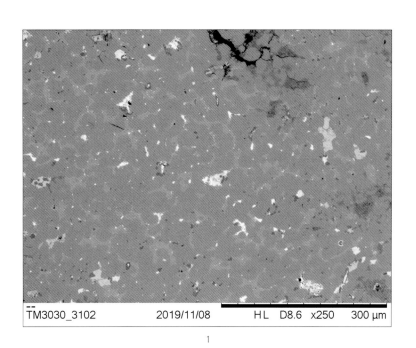

1

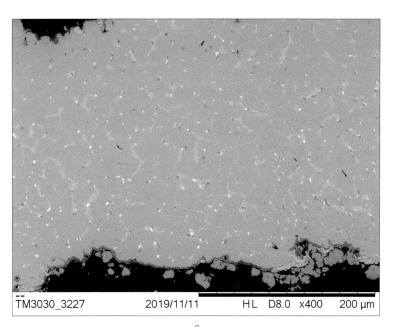

2

图二　枣树林墓地出土青铜编钟背散射电子像

1. M169：9 镈钟 250×　2. M190：262 钮钟 400×

编钟 5 件，其中 2 件甬钟锡、铅含量均低于 3 件钮钟。枣树林 M169 : 13 钮钟锡含量高达 19% 以上，为典型的高锡青铜材质（见表一）。由上述分析大致可以推知，若以甬钟为基准，镈钟常选择类似或稍低的锡含量，钮钟则选择类似或稍高的锡含量。周代乐制中，镈钟常用于定音或构成低音音阶，发声相对低沉，对合金锡含量没有特殊要求；钮钟则发声相对清亮，可能会采用较高锡含量的合金以获取较高的音域。

义地岗墓群出土编钟的材质还与制作批次密切相关。义地岗各曾侯级大墓所出甬钟中，枣树林 M190、M129 与文峰塔 M1 均为锡青铜[12]，而枣树林 M169 甬钟均为铅锡青铜。枣树林 M169 对应的国君墓 M168 出土镈钟及钮钟亦均为铅锡青铜。故而可知，春秋曾国甬钟以锡青铜或低铅的铅锡青铜为主流，钮钟和镈钟的铅含量与同组甬钟相近或稍高。

综上，义地岗墓群出土春秋编钟的材质以锡青铜及低铅的铅锡青铜为主，合金配比较为规律。不同时期制作的甬钟，材质有一定波动，钮钟与镈钟的铅锡含量往往与同墓甬钟相近，或因音乐性能需求而稍有损益。春秋中期合金富铁，指示铜料来自长江中下游地区的硫化型铜矿。

二 周代南土与中原地区青铜编钟的材质变迁

西周初年，在中原部分地区仍然延续殷墟随葬编铙传统的同时[13]，长江中游地区已经开始出现铙式钟及甬钟。一般认为，南方地区的甬钟由乳丁纹铙演变而来[14]，在材质上也与中原晚商的小铙有明显差异。殷墟及周原出土铜编铙，如安阳大司空 M663、宝鸡竹园沟 M13 所出实物，均为锡含量适中的铅锡青铜[15]；而中原及南方地区发现的早期甬钟，材质则较为杂乱，并且常为低锡的锡青铜。随州叶家山 M111 曾侯墓中随葬甬钟与特镈组合，材质均为低锡的锡青铜[16]。宝鸡竹园沟 M7 出土 3 件甬钟中，两件为低锡的锡青铜甚至近红铜，一件为铅锡青铜。

西周中期前后，长江中游地区甬钟数量逐渐增多，并发现宜昌万福垴这样的大型器群。万福垴出土甬钟可分为阴线界格纹、阳线界格纹及阳线乳丁纹等多组，马仁杰分析其成分以低锡的锡青铜为主，少数为砷铜及锡含量较高的锡青铜[17]。类似的砷铜质甬钟在荆州江北农场也有发现[18]。

西周中晚期，中原地区高等级墓葬开始有意识地随葬编甬钟，合金配比中的锡含量明显提升。在本阶段，中原地区的乐钟仍然体现与南方地区的密切关联。山西曲沃晋侯墓地 M64 出土成组"楚公逆"甬钟，除个别为高锡青铜外，大部分为低锡高铁的锡青铜[19]。陕西扶风召陈出土"楚公家"钟，材质为锡含量适中的锡青铜[20]。中原部分西周甬钟的形制及材质与南方同类器物难以区分，如山西绛县横水 M1 阳线纹钟及曲沃曲村 M7092 阴线纹钟，材质均为低锡的锡青铜[21]。随着甬钟随葬制度的成型与稳定，能够明确制作于中原地区的乐钟迅速增多，部分编钟还作有长铭。汪海港分析了周原庄白一号窖藏出土的4件兴钟的成分，除1件低锡低铅高铁外，其余3件锡含量约9%~11%，并有1%以上的含铅量[22]。

春秋早期，中原地区开始将钮钟纳入组合，还出现钲、镈于等可能来自南方的新器类。编钟中除个别低锡外，大部分锡含量已较适中。南阳夏饷铺M6出土成组"鄂侯"铭钮钟，张吉分析其中3件的成分，1件含锡7%、含铅4%，另两件含锡量均在11%以上[23]。魏强兵分析三门峡虢国M2009钲为高锡青铜[24]，指示此类乐器可能具有特殊的声学功能。同期中原及汉淮地区流行随葬编列的铃钟，张吉分析枣阳郭家庙M86出土4件铃钟均为锡含量适中的锡青铜，可推知至迟到春秋早期偏晚，曾国乐钟的合金配比已较稳定，与中原地区相似（表二）。

西周末年至春秋前期，长江中下游各地常见饰窃曲纹及扉棱的甬钟。四川茂县牟托石棺墓中随葬多件此类器物，其中K1:4甬钟钲部饰夔纹，风格接近崇阳王家嘴、江夏陈月基、武穴鸭儿洲等地所出夔纹甬钟，可能来自鄂东或皖南地区。杨颖东测定其成分含锡12%，含铅15%，为铅锡青铜；崔剑锋测定铅同位素比值，$^{207}Pb/^{206}Pb$为0.844，也指示长江中下游来源[25]。这些甬钟的材质已不同于西周之钟，反映南方地区乐钟合金配比在两周之际的显著变化。

春秋中期，随州三组曾侯墓出土的编钟组合复杂，铭文规整，体现南方地区的编钟制作水平臻于成熟。春秋中期之初的曾公畈墓出土包含镈钟、甬钟及钮钟的完整组合，锡含量稳定在13%~15%间，已完全摆脱西周南方乐钟的低锡材质传统。此后南方编钟、编镈在乐制层面稳定发展，并出现下寺王孙诰编钟、擂鼓墩曾侯乙编钟这样的大型器群，但在合金技术层面，乐钟的锡含量一直保持稳定。迟至战国中晚期的枣阳九连墩M1、M2，出土钮钟及甬钟为锡含量在16%以上的铅锡青铜[26]。

春秋早期晚段至春秋中期，中原及周边海岱、关中各地出土乐钟均具有适中的锡含量。陈建立分析甘肃礼县大堡子山K5镈钟及甬钟，均为锡含量适中的铅锡青铜[27]。南普恒测定山西隰县瓦窑坡墓地出土铜器的合金成分[28]，春秋中期的M29及M30出土3件钮钟锡含量在13.7%~14.4%间，铅含量在3.5%~6.1%间。南普恒另分析了分水岭M269出土的2件钮钟，材质与瓦窑坡诸墓类似[29]。在海岱地区，长清仙人台M6小型甬钟为高铅的铅锡青铜[30]，沂水纪王崮M1两件钮钟为锡青铜[31]。

春秋中晚期，郑国编钟的合金材质也均为铅锡青铜。黄晓娟、李秀辉对中行遗址出土的10件乐钟进行了成分及金相分析[32]。研究表明，此批青铜器均为铅锡青铜材质，铅含量在6%~17%间。黄晓娟观察到K2所出器物铅含量偏低，K18器物铅含量偏高，反映一坑器物可能为同批制作，批次之间则存在波动。报告推断这种材质波动可能与时代有关，时代较早的K16、K2等坑，器物锡含量较高，较晚的K18、K3，锡含量较低[33]。

春秋晚期至战国早中期，中原晋郑等国青铜乐钟的材质均为铅锡青铜。山西隰县瓦窑坡春秋晚期M23的7件钮钟锡含量在11%~17%间，其他检测工作还见于临

表二　长江中游地区西周至春秋时期铜钟锡铅含量统计表

年代	出土地点	器物及检测数量	Sn(wt%)		Pb(wt%)		是否为砷铜	文献来源
			平均值	标准差	平均值	标准差		
西周早期	随州叶家山 M111	甬钟 4	2.9	0.3	0.2	0.3	否	郁永彬、陈建立、梅建军等:《湖北随州叶家山西周墓地 M 111 出土铜器的检测分析及相关问题》,《文物》2022年第 5 期。
		镈钟 1	4.2	—	0.9	—	否	
	荆州江北农场	铙钟	7.5	—	1.8	—	否	马仁杰、崔剑锋、黄文新等:《宜昌万福垴遗址青铜器的科技分析及相关考古学问题》,《江汉考古》2019年第 5 期。
		甬钟	7.0	—	6.4	—	砷铜	
西周中晚期	宜昌万福垴	甬钟 8	3.0	1.1	0.2	0.3	部分为砷铜	
		甬钟 3	15.0	2.9	0.4	0.7	否	
	北赵晋侯 M64	楚公逆甬钟 3	9.8	6.9	0.5	0.5	否	杨颖亮:《晋侯墓地出土青铜器的合金成分、显微结构和铅同位素比值研究》,北京大学硕士学位论文,2005年。
	公安南平	甬钟 1	3.3	—	0.2	—	否	
春秋早期	枣阳郭家庙 M86	铃钟 4	15.2	1.5	0.9	0.2	否	
春秋中期	随州枣树林 M190	曾公畎甬钟 2、钮钟 3	14.4	3.1	0.9	0.6	否	本文
	随州枣树林 M168	曾侯宝甬钟 2	14.7	0.8	4.1	1.5	否	
	随州枣树林 M169	随仲芈加钮钟 4	17.0	2.1	3.6	0.6	否	
	随州枣树林 M129	曾侯得甬钟 7、镈钟 4	14.9	1.6	1.2	0.8	否	
	随州汉东东路 M81	铃钟 3	9.6	4.0	2.8	1.4	否	
	随州季氏梁墓	铃钟 2	14.7	2.4	0.9	0.1	否	叶学贤、贾云福、周孙录等:《化学成份、组织、热处理对编钟声学特性的影响》,《江汉考古》1981年第 1 期。
春秋晚期	淅川下寺 M2	王孙诰甬钟 2	16.6	0.5	7.2	6.3	否	李敏生:《淅川下寺春秋楚墓部分金属成分测定》,《淅川下寺春秋楚墓》,文物出版社,1991年,第389~390页。
	随州文峰塔 M1	曾侯與甬钟 3	14.5	2.7	0.1	0.1	否	本文

猗程村M1001、M1002及夏县崔家河M2出土的钮钟[34]。春战之际至战国前期的分析工作则见于长治分水岭M126及M25钟[35]。方立阳分析河南林州大菜园M801战国早期墓出土铜器的材质,6件甬钟及2件钮钟成分高度一致,锡含量在14.5%～15.9%间,铅含量在7.0%～11.2%间,体现较高的标准化水平[36]。

春秋晚期起,洛阳地区流行的复古风格编钟则可能具有特异的材质特征。美国赛克勒博物馆藏V-124饕餮纹镈传出洛阳金村,纹饰及形制与洛阳长乐街M194出土成组编镈及编钮钟近同,材质为锡青铜[37]。此类锡青铜乐钟,在东周的中原地区较为少见,或许"复古"风格的青铜器在质地方面也有特殊考量。

约成书于战国前期的《考工记》中,将乐钟与鼎彝的合金配比并称为"钟鼎之齐","六分其金而锡居一"的铜锡质量分数之比亦与考古所见基本一致[38]。各地发现的东周铜钟,在锡含量稳定的同时,铅含量则各有差异,其中等级较高、实用意味较强的器群可能倾向于选择低铅的合金配比。

自春秋中期以降,南方及中原地区乐钟均进入铜锡配比稳定的阶段,锡含量长期维持在10%～17%间。此类材质的青铜合金不仅机械性能与声学性能较好,外观也较为悦目,呈现澄净的黄色。在锡含量稳定的基础上,衬色金属装饰得以发展。在随州曾侯编钟中,曾侯與钟及曾侯乙钟分别以红铜丝和金丝嵌错铭文,后者还以铸镶红铜纹饰块装饰钟甬。作为东周时期最重要的铜器装饰工艺,金属衬色技术正是在春秋中期合金技术发展稳定的基础上实现的。

义地岗春秋中晚期曾侯编钟,正处在东周青铜器整体制作装饰技术转型的关键节点。合金工艺及由此衍生的一系列金属衬色装饰技艺,很好地兼容了器物的功能与装饰需求,从技术的角度展现了周代铸铜手工业达到的高度,为青铜时代奏出韵味悠长的余响。

注　释

[1]　湖北省博物馆:《曾侯乙墓》,文物出版社,1989年。

[2]　方勤:《曾国历史与文化——从"左右文武"到"左右楚王"》,上海古籍出版社,2018年,第164～172页。

[3]　湖北省文物考古研究所、随州市博物馆:《湖北随州叶家山M111发掘简报》,《江汉考古》2020年第2期。

[4]　郭长江、凡国栋、陈虎等:《曾公畎编钟铭文初步释读》,《江汉考古》2020年第1期。

[5]　湖北省文物考古研究所、北京大学考古文博学院、随州市博物馆等:《湖北随州枣树林墓地81与110号墓发掘》,《考古学报》2021年第1期。

[6]　华觉明:《中国古代金属技术——铜和铁造就的文明》,大象出版社,1999年,第213～227页。

［7］叶学贤、贾云福、周孙录等：《化学成份、组织、热处理对编钟声学特性的影响》，《江汉考古》1981年第1期。

［8］贾云福、华觉明：《曾侯乙编钟的化学成分及金相组织分析》，《曾侯乙墓》，文物出版社，1989年，第618~620页。

［9］叶学贤、贾云福、周孙录等：《化学成份、组织、热处理对编钟声学特性的影响》，《江汉考古》1981年第1期。

［10］黄维、陈建立：《随州擂鼓墩二号墓出土青铜器的金相实验研究》，《随州擂鼓墩二号墓》，文物出版社，2008年。

［11］李洋、后加升、樊志威等：《随州文峰塔M1、M2出土金属器的科学分析》，《江汉考古》2014年第4期。

［12］本文分析文峰塔M1出土部分金属器的材质与李洋报道结果相近，如M1：2甬钟；另一些器物有明显差异，如M1：4甬钟，本文测定其为锡青铜。参见李洋、后加升、樊志威等：《随州文峰塔M1、M2出土金属器的科学分析》，《江汉考古》2014年第4期。

［13］常怀颖：《论商周之际铙钟随葬》，《江汉考古》2014年第1期。

［14］施劲松：《我国南方出土铜铙及甬钟研究》，《考古》1997年第10期。

［15］赵春燕：《安阳殷墟出土青铜器的化学成分分析与研究》，《考古学集刊（第15集）》，文物出版社，2004年，第264页；苏荣誉、胡智生、卢连成等：《强国墓地青铜器铸造工艺考察和金属器物检测》，《宝鸡强国墓地》，文物出版社，1988年。

［16］郁永彬、陈建立、梅建军等：《湖北随州叶家山西周墓地M111出土铜器的检测分析及相关问题》，《文物》2022年第5期。

［17］马仁杰、崔剑锋、黄文新等：《宜昌万福垴遗址青铜器的科技分析及相关考古学问题》，《江汉考古》2019年第5期。

［18］马仁杰：《湖北宜昌万福垴遗址出土铜器的科学分析——兼论西周甬钟起源问题》，北京大学硕士学位论文，2017年。

［19］杨颖亮：《晋侯墓地出土青铜器的合金成分、显微结构和铅同位素比值研究》，北京大学硕士学位论文，2005年。

［20］汪海港：《宝鸡地区西周铜器生产和资源流通研究——以周原和强国为例》，中国科学技术大学博士学位论文，2017年，第47~49页。

［21］陈建立：《中国古代金属冶铸文明新探》，科学出版社，2014年，第130页。

［22］汪海港：《宝鸡地区西周铜器生产和资源流通研究——以周原和强国为例》，中国科学技术大学博士学位论文，2017年。

［23］张吉、崔本信、陈建立：《南阳夏饷铺墓地出土青铜器的检测分析及相关问题研究》，《华夏考古》2020年第5期。

［24］魏强兵、王鑫光、李秀辉等：《三门峡虢国墓地出土青铜器的材质与矿料来源分析》，《有色金属（冶炼部分）》2019年第1期。

［25］茂县羌族博物馆、成都文物考古研究所、阿坝藏族羌族自治州文物管理所：《茂县牟托一号石棺墓》，文物出版社，2012年，第131~149页。

[26] 廖灵敏、黄宗玉、潘春旭等：《湖北枣阳市九连墩楚墓青铜器的材料学特征研究》，《考古》2008年第8期。

[27] 北京大学考古文博学院冶金考古实验室资料。

[28] 南普恒：《春秋时期晋国青铜器制作技术研究》，北京科技大学博士学位论文，2017年。

[29] 南普恒、贾尧、高振华等：《分水岭东周墓地铜器材质、工艺及矿料特征的再认识》，《南方文物》2021年第3期。

[30] 赵凤燕：《仙人台邿国贵族墓地出土青铜器的分析与研究》，北京科技大学硕士学位论文，2007年。

[31] 张吉：《东周青铜器的资源与技术研究——以汉淮地区为中心》，北京大学博士学位论文，2020年，第157页。

[32] 黄晓娟、李秀辉：《郑国祭祀遗址青铜器的分析鉴定报告》，《新郑郑国祭祀遗址》，大象出版社，2006年。

[33] 中行K16报告定为较早的单位，但实际上饰双层交龙纹的钮钟及镈时代不会太早，可以类比下寺M1的"敬事天王"钟。K16钟类含锡较高，或与其制作水平较精致有关，添加的锡量多，显得更为"实用"。

[34] 中国社会科学院考古研究所、山西省考古研究所、运城市文物局等：《临猗程村墓地》，中国大百科全书出版社，2003年，第293~295页；柴建国：《崔家河墓地出土青铜器分析》，山西大学硕士学位论文，2007年，第26页。

[35] 韩炳华、崔剑锋：《山西长治分水岭东周墓地出土青铜器的科学分析》，《考古》2009年第7期。

[36] 方立阳：《林州大菜园出土东周青铜器的科学分析》，北京大学学士学位论文，2019年，第49页。

[37] Chase W. T., et. al., Lead isotope ratios, in *Eastern Zhou ritual bronzes from the Arthur M. Sackler collections,* Harry N. Abrams, (1995) 489-492.

[38] 李仲达、华觉明、张宏礼：《商周青铜容器合金成份的考察——兼论钟鼎之齐的形成》，《西北大学学报（自然科学版）》1984年第2期。

2

[第二单元]

曾公畎编钟

◎ 曾公畎墓（M190）位于枣树林墓地北部，是墓地5座大墓之一。2019年对该墓进行了全面揭露，出土随葬铜、陶、玉、漆木等材质器物412件（套），其中包括铜编钟一套34件。

◆ 曾公畎墓（M190）出土编钟

◆ 曾公䋵墓（M190）椁室

◆ 曾公賦墓（M190）第一层编钟出土情况

◆ 曾公𥑏墓（M190）第二层编钟出土情况

铸钟

铸钟4件，形制及纹饰相同，大小相次。扁平立钮，上窄下宽呈梯形，钮的下端与相互缠绕的镂孔蟠龙相连，平舞，椭圆形，铸体为扁圆筒形呈合瓦状，由上而下至中部渐张，中下部渐收。钟口平齐略收，口内壁有一周宽扁凸棱突起于器表，腔内有四条纵向加强筋；铣边无棱，钲部由一组四条龙组成的镂孔扉棱划分为四区。舞部饰龙纹，钟体上下两道凸弦纹间各有六个菱形乳丁，钲部扉棱两侧各饰一组浮雕龙纹，下端光素，纵向铸铭一周38行。

M190：33   M190：32

◆ 曾公求墓（M190）出土镈钟

M190：35   M190：34

01

镈钟   M190：33

枣树林墓地出土
通高 58.5、钟高 40.7、铣间 30、鼓间
27.3 厘米，重 19340 克

◆ 镈钟（M190：33）钮部

◆ 镈钟（M190：33）扉棱

◆ 镈钟（M190∶33）铭文

◆ 镈钟（M190：33）铭文

◆ 铸钟（190：33）铭文摹本（⅔）*

* 指拓片、摹本比例，下同。

◆ 铸钟（M190：33）铭文拓片 （⅖）

02

镈钟　M190 : 32

枣树林墓地出土

通高 55.3、钟高 38.3、铣间 28.3、鼓间 26.4 厘米，重 17250 克

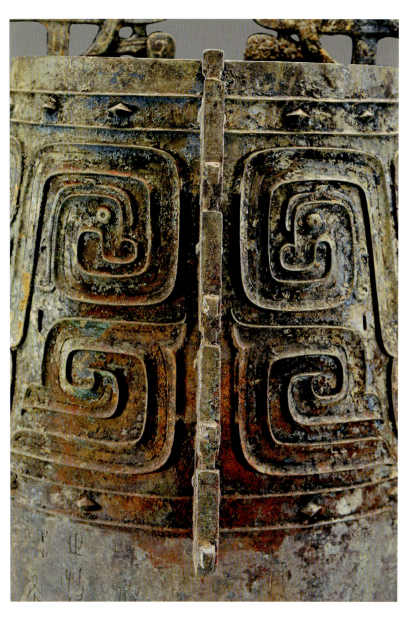

◆ M190：32铸钟钲部两侧

◆ M190：32铸钟钟腔

◆ 镈钟（M190：32）铭文

◆ 铸钟（M190：32）铭文

◆ 镈钟（M190：32）铭文摹本（½）

◆ 镈钟（M190：32）铭文拓片（½）

◆ M190：35 镈钟舞部

03

镈钟　M190：35

枣树林墓地出土
通高 54.1、钟高 37.3、铣间 28、鼓间
25.8 厘米，重 14000 克

◆ 镈钟（M190：35）正面

◆ M190∶35 镈钟钲部

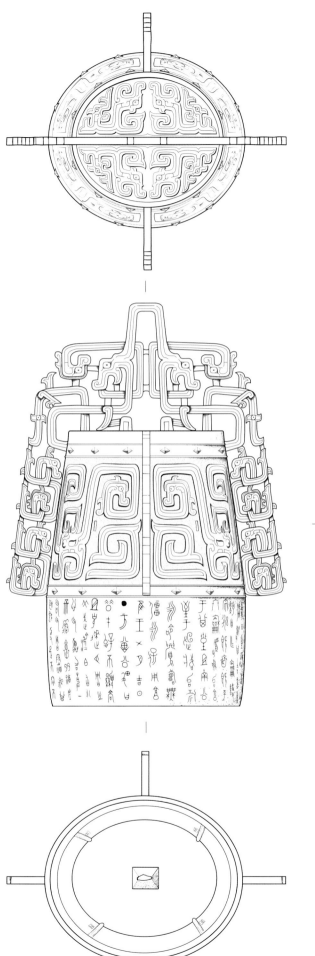

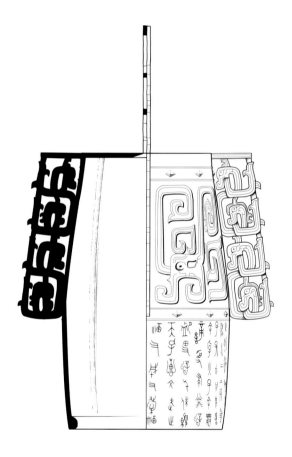

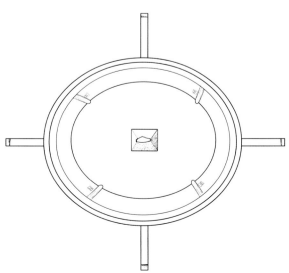

◆ 铸钟（M190：35）线图 （1/5）

◆ 铸钟（M190∶35）拓片（⅓）

◆ 铸钟（M190：35）铭文拓片（½）

◆ 铸钟（M190：35）铭文

◆ 铸钟（M190：35）铭文摹本（2/5）

南亢牌命于曾
于葡滑日命王
禋曷些達堂
兕兆于涷車七
用州庫身社
連于甬士斎蒅
宫于兴命堂且
帶窠王亩米于甫
贻甘蕎角痹所
氆鲜曼昰币不
昌訅曼昰亦不
湔騙食贻福止
炫羕昰讫日丛
器串曽昰
穹不諳贪
含丰好不騙食
方肖古典曰
●
辰王×夕吉⊙

◆ M190：34 镈钟局部

04

镈钟　M190：34

枣树林墓地出土
通高 50.5、钟高 35.4、铣间 26.2、鼓间
24.1 厘米、残重 12780 克

◆ 镈钟（M190：34）正面

◆ 镈钟（M190：34）铭文摹本（½）

◆ 镈钟（M190∶34）铭文拓片（½）

第二节

甬钟

甬钟 17 件，形制及纹饰相同，大小相次。甬部扁圆，上细下粗，下端有旋，呈环绕甬体而凸起的箍带，旋上有斡，斡设在钟体一面轴线上，方体呈环钮状；衡平齐，平舞，舞面椭圆形，钟体为扁圆筒形呈合瓦状，上窄下宽，两铣斜直下垂，铣间内凹呈弧形；钲部、篆部及枚部皆以凸起的粗阳线长方框为界栏，钲的两侧各有九个凸起的圆台形长枚，每侧组成三个枚带和两个篆带，全钟正反两面共有十二个枚带三十六个枚。甬饰蝉纹，旋、舞、篆带及鼓部均饰龙纹，部分甬

钟正面右鼓部铸有鸟形侧鼓音标识。综合编钟大小、铭文内容、字体及出土位置，可将17件甬钟分为两组，其中一组9件（M190∶245、232、244、236、233、239、234、242、241），一组8件（M190∶237、238、235、231、246、230、240、243）。

◆ 曾公畟墓（M190）出土甬钟

第一组
甬钟

第一组甬钟9件（M190：245、232、244、236、233、239、234、242、241），正面钲部、右鼓部、左鼓部铸有铭文，连读成句，铭文内容大致与镈钟铭文相同，总计256字。

M190：245   M190：232   M190：244

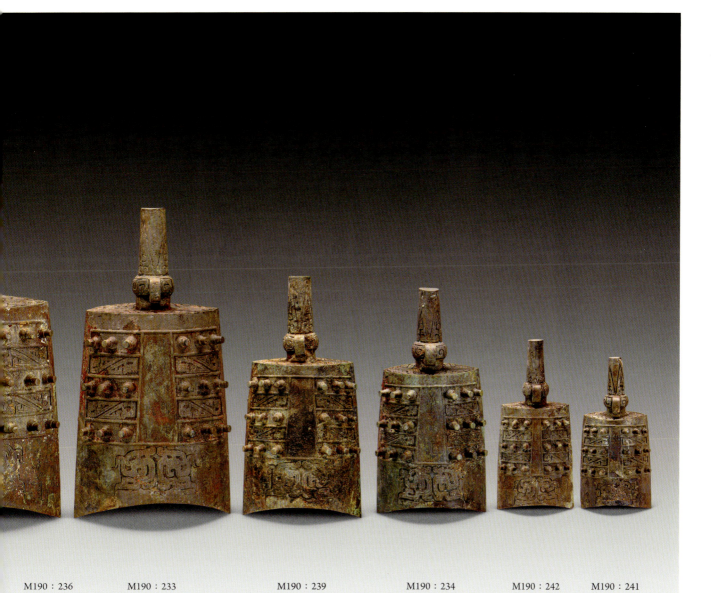

M190：236   M190：233   M190：239   M190：234   M190：242   M190：241

05

甬钟　M190 : 245

枣树林墓地出土

通高 55.5、钟高 37.7、铣间 30.1、鼓间
22.7 厘米，重 19650 克

正面钲部、右鼓部、左鼓部铸有铭文。

◆ 甬钟（M190：245）背面

◆ 甬钟（M190：245）拓片 （¼）

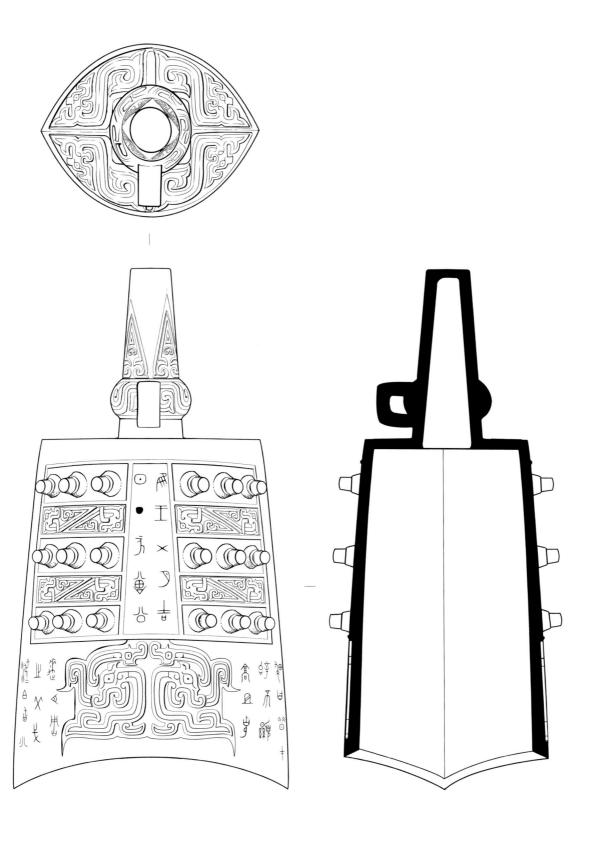

◆ 甬钟（M190∶245）线图（¼）

◆甬钟（M190：245）舞部

◆甬钟（M190：245）钟腔

◆ 甬钟（M190：245）篆部纹饰

◆ 甬钟（M190：245）正鼓部纹饰

◆ 甬钟（M190：245）甬部

◆ 甬钟（M190：245）旋斡

◆ 甬钟（M190∶245）铭文拓片（⅖）

释文：

隹（唯）王五月吉
日丁亥曾公

◆ 甬钟（M190：245）正面钲部铭文，铸铭2行10字（⅗）

释文：

畹曰昔在

辝丕（不）显

高且（祖）克

◆ 甬钟（M190：245）正面右鼓部铭文，铸铭 3 行 10 字（⅗）

释文：

逨（仇）匹周

之文武

淑=（淑淑）白（伯）舌（括）小

◆ 甬钟（M190：245）正面左鼓部铭文，铸铭3行11字（³∕₅）

06

甬钟　M190：232

枣树林墓地出土

通高 52.8、钟高 35.8、铣间 28.2、鼓间 22.1 厘米、重 19350 克

正面钲部、右鼓部、左鼓部铸有铭文。

◆ 甬钟（M190：232）背面

◆ 甬钟（M190：232）铭文拓片（2/5）

释文：
心有德召事
一帝遹裹（怀）多福

◆ 甬钟（M190：232）正面钲部铭文，铸铭2行11字（½）

释文：

左右有周

神其
鏗（圣）受是

◆ 甬钟（M190：232）正面右鼓部铭文，铸铭3行10字（½）

释文：

不（丕）㤗（宁）不（丕）

显其霝（令）

甫（䚦）匐辰（祗）敬

◆ 甬钟（M190：232）正面左鼓部铭文，铸铭 3 行 10 字（½）

07

甬钟　M190：244

枣树林墓地出土
通高 49.8、钟高 34、铣间 26.8、鼓间
19.7 厘米，重 18800 克
正面钲部、右鼓部、左鼓部铸有铭文。

◆ 甬钟(M190：244)背面

◆ 甬钟（M190：244）铭文拓片（⅖）

释文：

王客我于康宫乎厥命
皇且（祖）建于南土敝（蔽）蔡南

◆ 甬钟（M190：244）正面钲部铭文，铸铭2行18字（⅗）

释文：

门賮（誓）应京社适

于汉东［南］方无疆

涉政（征）淮夷至

于繁

湯（阳）曰

◆ 甬钟（M190：244）正面右鼓部铭文，铸铭5行21字（⅗）

释文：

邵王南行豫（舍）
命于曾咸成我
事左右有周易（赐）
之甬（用）钺用政（征）南
公之烈敏（吾）圣有

◆ 甬钟（M190：244）正面左鼓部铭文，铸铭5行29字（³⁄₅）

08

甬钟 M190：236

枣树林墓地出土

通高 49.4、钟高 34.3、铣间 26.6、鼓间
19.5 厘米，重 19850 克

正面钲部、右鼓部、左鼓部铸有铭文。

◆ 甬钟（M190：236）背面

◆ 甬钟（M190：236）铭文拓片（²⁄₅）

释文：

南行豫（舍）命于曾咸成

夷至于繁湯（阳）曰卲王

◆ 甬钟（M190：236）正面钲部铭文，铸铭2行16字（³⁄₅）

穌钟鸣凰

春·秋·曾·国·编·钟

释文：

我事左右有周
易（赐）之甬（用）钺用
政（征）南方南公
之刺（烈）敔（吾）
圣有

126

◆ 甬钟（M190：236）正面右鼓部铭文，铸铭5行21字（⅗）

释文：

闻陟降上下保

埶子孙日鸣

呼霉（忧）舍（余）乳（孺）火（小）

子余无谤受

隶（肆）余行（注：两字合文）辥卹卑

◆ 甬钟（M190：236）正面左鼓部铭文，铸铭5行27字（³⁄₅）

09

甬钟　M190：233

枣树林墓地出土

通高 47.2、钟高 32.2、铣间 24.8、鼓间
18.3 厘米、重 18700 克

正面钲部、右鼓部、左鼓部铸有铭文。

◆ 甬钟（M190：233）背面

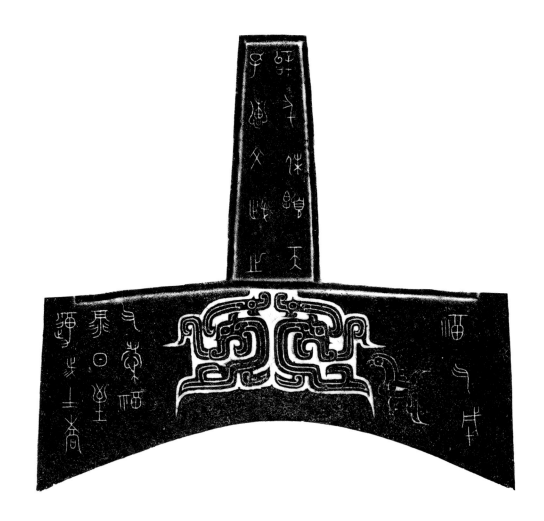

◆ 甬钟（M190：233）铭文拓片（⅖）

释文：
𠦒千休韻天
孔惠文武之

◆ 甬钟（M190：233）正面钲部铭文，铸铭2行10字（⅖）

释文：福有成

◆ 甬钟（M190：233）正面右鼓部铭文，铸铭1行3字（⅖）

释文：
有庆福
禄日至
复我土𫐐

◆ 甬钟（M190：233）正面左鼓部铭文，铸铭3行10字（⅖）

10

甬钟 M190：239

枣树林墓地出土

通高 36.5、钟高 23.7、铣间 18.7、鼓间
13.8 厘米，重 8950 克

正面钲部、右鼓部、左鼓部铸有铭文。

◆ 甬钟（M190：239）背面

◆ 甬钟（M190∶239）铭文拓片（³⁄₅）

释文：
宗彝既淑既
镛（铝）自乍（作）龢镈

◆ 甬钟（M190：239）正面钲部铭文，铸铭 2 行 10 字（½）

释文：
享
且鸣以
平冬（终）龢

◆ 甬钟（M190：239）正面右鼓部铭文，铸铭 3 行 7 字（½）

释文：
且（祖）南公
于其皇
以享

◆ 甬钟（M190：239）正面左鼓部铭文，铸铭 3 行 8 字（½）

11

甬钟　M190：234

枣树林墓地出土
通高 34.6、钟高 22.2、铣间 17.2、鼓间
13.1 厘米，重 8700 克
正面钲部、右鼓部、左鼓部铸有铭文。

◆ 甬钟（M190：234）背面

◆ 甬钟（M190：234）铭文拓片（³/₅）

释文：至于趄（桓）

◆ 甬钟（M190：234）正面钲部铭文，铸铭1行3字（³⁄₅）

释文：庄以

◆ 甬钟（M190：234）正面右鼓部铭文，铸铭1行2字（³⁄₅）

释文：祈永

◆ 甬钟（M190：234）正面左鼓部铭文，铸铭1行2字（³⁄₅）

12

甬钟　M190∶242

枣树林墓地出土
通高 25.8、钟高 16.2、铣间 12.3、鼓间 9.3
厘米，重 3350 克
正面钲部、右鼓部、左鼓部铸有铭文。

◆ 甬钟（M190∶242）背面

◆ 甬钟（M190∶242）铭文拓片 （¹⁄₁）

释文：命眉

◆ 甬钟（M190：242）正面钲部铭文，铸铭1行2字（⅘）

释文：寿

◆ 甬钟（M190：242）正面右鼓部铭文，铸铭1行1字（⅘）

释文：无疆

◆ 甬钟（M190：242）正面左鼓部铭文，铸铭1行2字（⅘）

13

甬钟　M190：241

枣树林墓地出土
通高 23.2、钟高 14.6、铣间 11.2、鼓间 8.3
厘米，重 3000 克
正面钲部、左鼓部铸有铭文。

◆ 甬钟（M190：241）背面

◆ 甬钟（M190 ∶ 241）铭文拓片（¹/₅）

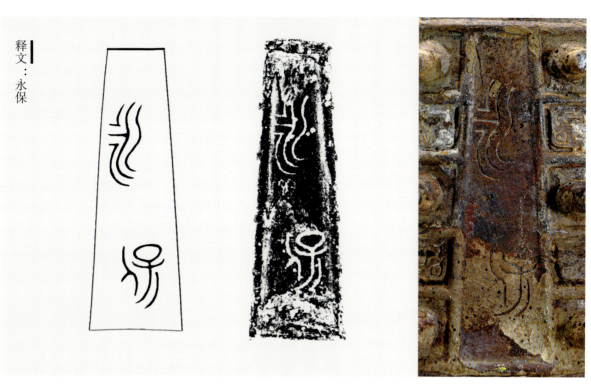

◆ 甬钟（M190：241）正面钲部铭文，铸铭1行2字（¹⁄₁）

释文：用享

◆ 甬钟（M190：241）正面左鼓部铭文，铸铭1行2字（¹⁄₁）

第二组
甬钟

第二组甬钟8件（M190：237、238、235、231、246、230、240、243），均为单面铸字，内容大致与镈钟铭文相同，但是铸款次序紊乱。

M190：237   M190：238   M190：235

M190：231　　　　M190：246　　　　M190：230　　　　M190：240　　　M190：243

14

甬钟 M190：237

枣树林墓地出土

通高 55.4、钟高 37.4、铣间 29.7、鼓间
22.65 厘米，重 20100 克

正面钲部、右鼓部、左鼓部铸有铭文。

◆ 甬钟（M190：237）背面

◆ 甬钟（M190：237）铭文拓片（²⁄₅）

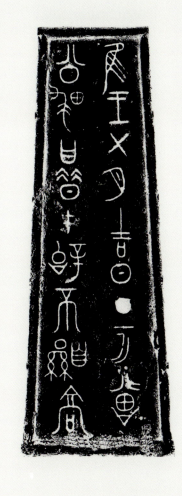

释文：

佳（唯）王五月吉日丁亥曾
公䣄曰昔在辝不（丕）显高

◆ 甬钟（M190：237）正面钲部铭文，铸铭 2 行 18 字（⅗）

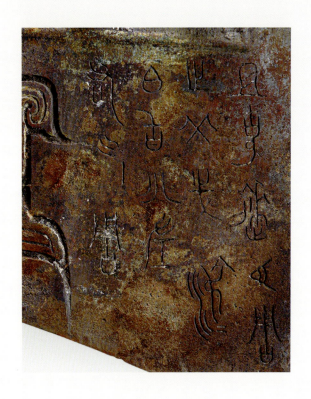

释文：

且（祖）克遬（仇）匹周

之文武淑=（淑淑）

白（伯）舌（括）小左

右有周

◆ 甬钟（M190：237）正面右鼓部铭文，铸铭4行17字（³/₅）

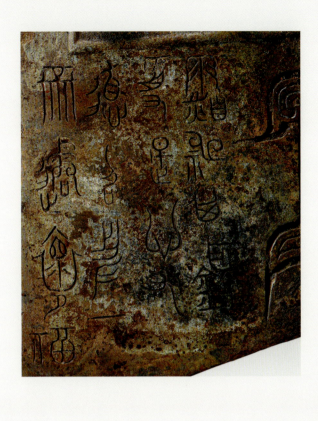

释文：

帝遹襄（怀）多福

德召事一

受是心有

[]神其鍖（圣）

◆ 甬钟（M190：237）正面左鼓部铭文，铸铭4行17字（3/5）

15

甬钟　M190：238

枣树林墓地出土

通高 52.4、钟高 35.3、铣间 28.2、鼓间
21.7 厘米，重 20150 克

正面钲部、右鼓部、左鼓部铸有铭文。

◆ 甬钟（M190：238）背面

◆ 甬钟（M190∶238）铭文拓片（²⁄₅）

释文：

南门王客我于康宫乎

命尹厥命質（誓）应京社

◆ 甬钟（M190：238）正面钲部铭文，铸铭2行17字（³/₅）

释文：

不（丕）惄（宁）不（丕）其霝（令）
甫（匍）蜀辰（祇）敬
皇且（祖）建于
南土㪺（蔽）蔡

◆ 甫钟（M190：238）正面右鼓部铭文，铸铭4行17字（⅗）

释文：

适于汉东
南方无行
豫（舍）命于曾
咸疆涉政（征）淮

◆ 甬钟（M190：238）正面左鼓部铭文，铸铭4行17字（3/5）

16

甬钟　　M190：235

枣树林墓地出土
通高 49.9、钟高 34.1、铣间 26.7、鼓间
19.8 厘米，重 16500 克
正面钲部、右鼓部、左鼓部铸有铭文。

◆ 甬钟（M190：235）背面

◆ 甬钟（M190：235）铭文拓片（⅖）

释文：
事左右有周易（赐）陟
降上下保埶子孙日

◆ 甬钟（M190：235）正面钲部铭文，铸铭2行15字（⅗）

释文：
夷至于繁
湯（阳）日卲王
南成我

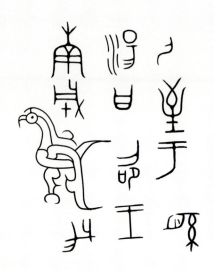

◆ 甬钟（M190∶235）正面右鼓部铭文，铸铭3行11字（⅓）

释文：

呜呼憂（忧）之
甬（用）钺用政（征）南
方南公剌（烈）敛（吾）
圣有闻舍（余）乳（孺）

◆ 甬钟（M190：235）正面左鼓部铭文，铸铭4行19字（³⁄₅）

17

甬钟　　M190：231

枣树林墓地出土
通高 47.2、钟高 32.3、铣间 24.8、鼓间
18.1 厘米，重 17650 克
正面钲部、右鼓部、左鼓部铸有铭文。

◆ 甬钟（M 190：231）背面

◆ 甬钟（M190∶231）铭文拓片（½）

释文：

闻陟降上下保埶子孙

曰呜呼夒（忧）舍（余）乳（孺）火（小）子

◆ 甬钟（M190：231）正面钲部铭文，铸铭 2 行 17 字（⅔）

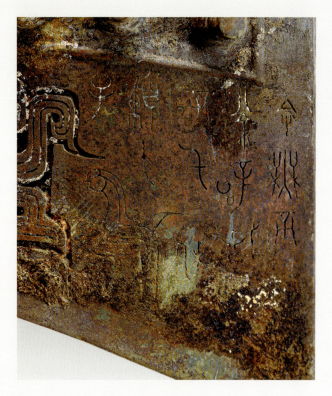

释文：
余无谤受隶（肆）
余行（注：两字合文）辞屮卑
辞千休
頭天
孔

◆ 甬钟（M190：231）正面右鼓部铭文，铸铭5行16字（⅔）

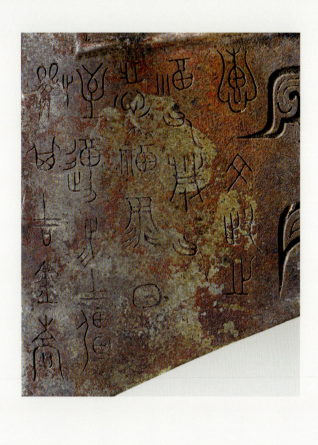

释文：

择其吉金鋚
至复我土疆
庆福禄日
福有成有
惠文武之

◆ 甬钟（M190：231）正面左鼓部铭文，铸铭 5 行 22 字（⅔）

18

甬钟 M190 : 246

枣树林墓地出土

通高 36.2、钟高 23.3、铣间 18.4、鼓间
13.6 厘米、重 8450 克

正面钲部、右鼓部、左鼓部铸有铭文。

◆ 甬钟（M190：246）背面

◆ 甬钟（M190：246）拓片（½）

释文：鏞（铝）自乍（作）龢铸

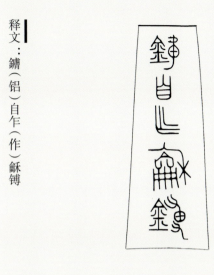

◆ 甬钟（M190：246）正面钲部铭文，铸铭1行5字（½）

释文：
平冬（终）龢
且鸣

◆ 甬钟（M190：246）正面右鼓部铭文，铸铭2行5字（½）

释文：
宗彝
既淑既
以享于

◆ 甬钟（M190：246）正面左鼓部铭文，铸铭3行8字（½）

19

甬钟　　M190：230

枣树林墓地出土

通高 34.5、钟高 22.5、铣间 17、鼓间
13.5 厘米，重 8900 克

正面钲部、右鼓部、左鼓部铸有铭文。

◆ 甬钟（M190∶230）背面

◆ 甬钟（M190∶230）铭文拓片（⅗）

释文

释文：公至于趄（桓）

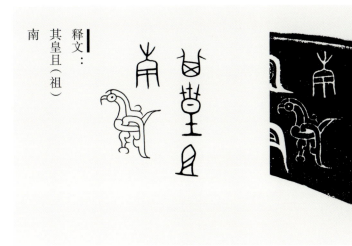

◆ 甬钟（M190：230）正面钲部铭文，铸铭1行4字（½）

南

释文：其皇且（祖）

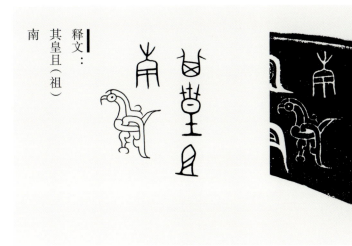

◆ 甬钟（M190：230）正面右鼓部铭文，铸铭2行4字（½）

祈永　庄以

释文：

◆ 甬钟（M190：230）正面左鼓部铭文，铸铭2行4字（½）

20

甬钟   M190∶240

枣树林墓地出土
通高 26、钟高 16.4、铣间 12.3、鼓间 9.6
厘米，重 3650 克
正面钲部、右鼓部、左鼓部铸有铭文。

◆ 甬钟（M190：240）背面

◆ 甬钟（M190：240）铭文拓片（¼₅）

释文：命眉

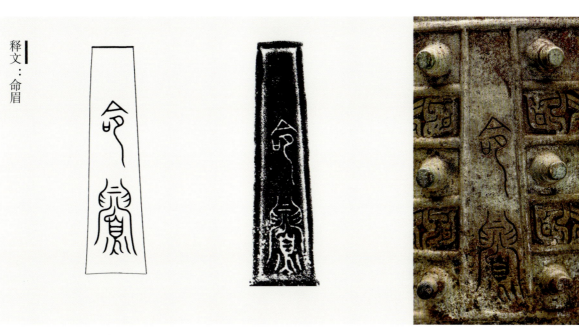

◆ 甬钟（M190：240）正面钲部铭文，铸铭1行2字（¼）

释文：寿

◆ 甬钟（M190：240）正面右鼓部铭文，铸铭1字（⅘）

释文：无疆

◆ 甬钟（M190：240）正面左鼓部铭文，铸铭1行2字（⅘）

21

甬钟　　M190∶243

枣树林墓地出土
通高 24、钟高 14.5、铣间 11.3、鼓间 8.3
厘米，重 2900 克
正面钲部、左鼓部铸有铭文。

◆ 甬钟（M190：243）背面

◆ 甬钟（M190：243）铭文拓片（¼）

释文：永保

◆ 甬钟（M190：243）正面钲部铭文，铸铭1行2字（⅟₁）

释文：用享

◆ 甬钟（M190：243）正面左鼓部铭文，铸铭1行2字（⅟₁）

第三节

钮钟

钮钟 13 件，形制大致相同、大小相次。钮的下端与舞部相连，平舞，舞面椭圆，钟体为扁圆筒形呈上窄下宽的合瓦状，两铣斜直，唇沿略内斜，钟口内壁加厚，上有八个弧形调音槽。钲部、篆部及枚部皆以凸起的粗阳线长方框为界栏，长方框界栏内饰三角龙纹。钲的两侧各有九个凸起的三叠层乳丁枚，每侧组成三个枚带和两个篆带，全钟正反两面共有十二个枚带三十六个枚，舞部

和鼓部饰龙纹。综合编钟形制、大小及铭文内容，可将 13 件钮钟分为两组，其中镈形钮钟一组 4 件（M190：262、270、265、249），钮钟一组 9 件（M190：248、268、247、271、266、263、269、264、267）。

◆ 曾公畎墓（M190）出土钮钟

第一组
镈形钮钟

曾公畩墓（M190）出土镈形钮钟 4 件（M190：262、270、265、249），立钮由两个共躯的龙曲折成梯形，钟口略凹微弧。正面钲部和右鼓部铸铭 23 字，铭文内容相同，只是每个钟钲部和右鼓部的铭文字数多少有差异。

M190：262   M190：270

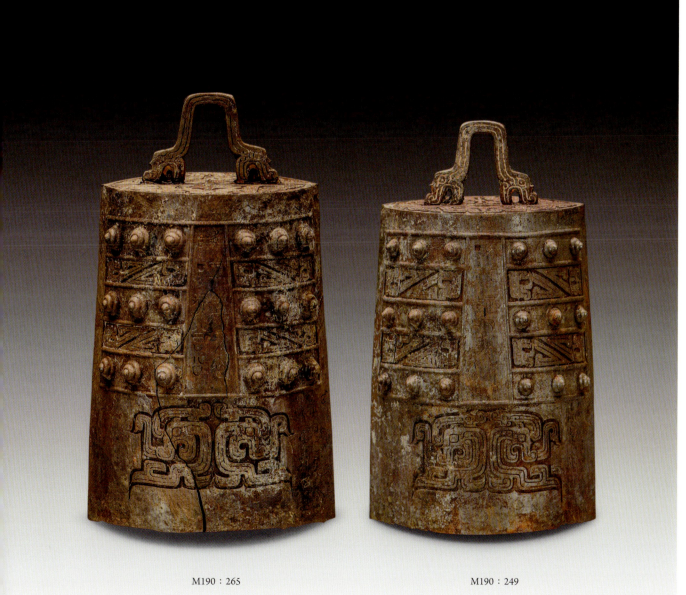

M190：265　　　　　　　　　　　　　　M190：249

22

鎛形钮钟 M190∶262

枣树林墓地出土
通高 34、钟高 26.9、铣间 21、鼓间 16.1
厘米，重 5400 克
正面钲部、右鼓部铸有铭文。

◆ 镈形钮钟（M190：262）舞部

◆ 镈形钮钟（M190：262）钟腔

◆ 镈形钮钟（M190：262）正鼓部纹饰

◆ 镈形钮钟（M190：262）篆部纹饰

◆ 铸形钮钟（M190：262）拓片（⅖）

◆ 镈形钮钟（M190：262）线图（⅓）

释文：

丁亥曾公求择

佳（唯）王正月初吉

◆ 铸形钮钟（M190：262）正面钲部铭文，铸铭2行12字（⅘）

释文：

其吉金自乍（作）行

钟其永用之

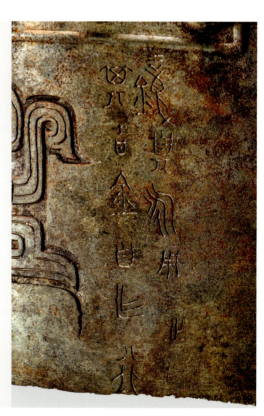

◆ 铸形钮钟（M190：262）正面右鼓部铭文，铸铭2行11字（⅘）

23

镈形钮钟　M190：270

枣树林墓地出土
通高 32.4、钟高 25.6、铣间 20.1、鼓间
14.6 厘米，重 4900 克
正面钲部、右鼓部铸有铭文。

◆ 镈形钮钟（M190：270）拓片（⅖）

24

镈形钮钟　　M190：265

枣树林墓地出土
通高 31.1、钟高 24.8、铣间 18.7、鼓间
13.1 厘米，重 3700 克
正面钲部、右鼓部铸有铭文。

◆ 镈形钮钟（M190：265）拓片（⅔）

25

镈形钮钟　　M190：249

枣树林墓地出土

通高 28.8、钟高 23.2、铣间 17.4、鼓间
12.4 厘米，重 3400 克

正面钲部、右鼓部铸有铭文。

◆ 镈形钮钟（M190：249）拓片（½）

第二组
钮钟

曾公畔墓（M190）出土钮钟9件（M190：248、268、247、271、266、263、269、264、267），立钮近长方形，钟口内凹较甚。九件钮钟钲部铸铭字数不等，连读成句，共23字。

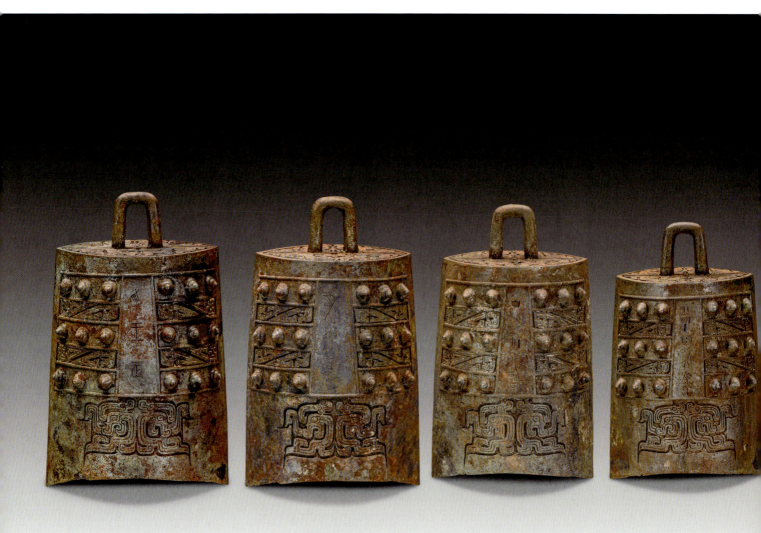

M190：248   M190：268   M190：247   M190：271

M190：266　　　　　M190：263　　　　　M190：269　　　　　M190：264　　　　　M190：267

◆ 钮钟（M190：248）正鼓部纹饰

26

钮钟　M190：248

枣树林墓地出土

通高 24.9、钟高 20.5、铣间 16.1、鼓间 11.7 厘米、

重 3000 克

正面钲部铸铭 1 行 3 字："隹（唯）王正"。

◆ 钮钟（M190∶248）正面

◆ 钮钟（M190∶248）线图（⅖）

◆ 钮钟（M190：248）拓片（½）

27

钮钟　M190：268

枣树林墓地出土
通高 24.5、钟高 19.9、铣间 15.4、鼓间
11.3 厘米，重 2700 克
正面钲部铸铭 1 行 3 字："月初吉"。

◆ 钮钟（M190∶268）拓片（½）

28

钮钟　M190：247

枣树林墓地出土
通高 23.3、钟高 18.95、铣间 14.2、鼓间
10.6 厘米，重 2600 克
正面钲部铸铭 1 行 3 字："丁亥，曾"。

◆ 钮钟（M190∶247）拓片（³⁄₅）

29

钮钟　　M190∶271

枣树林墓地出土

通高 21.4、钟高 17.2、铣间 13.3、鼓间 9.3 厘米，重 2050 克

正面钲部铸铭 1 行 3 字："公畔择"。

◆ 钮钟（M190∶271）拓片（⅗）

◆ 钮钟（M190：271）正面

30

钮钟　　M190：266

枣树林墓地出土

通高 20.7、钟高 16.6、铣间 13.4、鼓间
9.1 厘米，重 2100 克

正面钲部铸铭 1 行 3 字："其吉金"。

◆ 钮钟（M190∶266）拓片（⅗）

31

钮钟　　M190：263

枣树林墓地出土
通高 19.4、钟高 15.4、铣间 12.3、鼓间 8.4
厘米，重 1850 克
正面钲部铸铭 1 行 3 字："其乍（作）行"。

◆ 钮钟（M190：263）拓片（⅗）

◆ 钮钟（M190：263）正面

32

钮钟   M190：269

枣树林墓地出土

通高 16.5、钟高 13.2、铣间 10、鼓间
7 厘米，重 1350 克

正面钲部铸铭 1 行 2 字："钟，其"。

◆ 钮钟（M190：269）拓片（⅘）

33

钮钟   M190：264

枣树林墓地出土

通高 14.9、钟高 11.7、铣间 9.2、鼓间 6.4 厘米，重 1050 克

正面钲部铸铭 1 行 2 字："永用"。

◆ 钮钟（M190：264）拓片（½）

◆ 钮钟（M190：264）正面

34

钮钟　　M190：267

枣树林墓地出土
通高 14.2、钟高 10.9、铣间 8.6、
鼓间 6.1 厘米，重 950 克
正面钲部铸铭 1 字："之"。

◆ 钮钟（M190：267）拓片（¹⁄₁）

◆ 钮钟（M190：267）正面

龢钟鸣凰

春秋曾国编钟（下）

湖北省文物考古研究院
北京大学考古文博学院　——编著
随州市博物馆

文物出版社

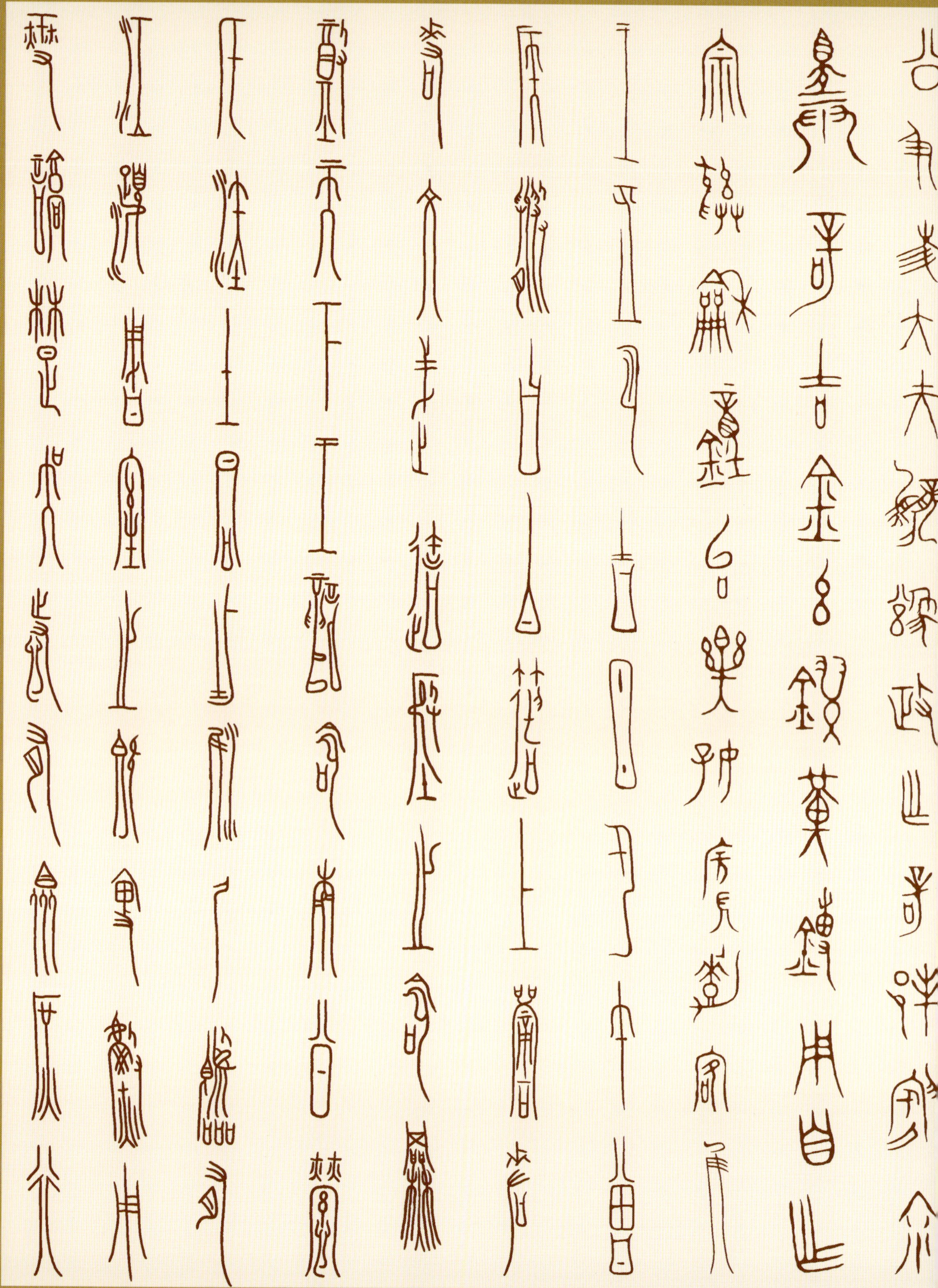

3

[第三单元]

曾侯宝编钟

◎ 曾侯宝墓（M168）位于枣树林墓地中部，是墓地5座
"甲"字形大墓之一。2019年对该墓进行发掘，出土随
葬器物123件（套），因被盗扰，铜编钟仅余15件。另
在山西公安追缴文物中见有曾侯宝甬钟1件、镈钟1件。

◆ 曾侯宝墓（M168）出土编钟

◆ 曾侯宝墓（M168）编钟出土情况

镈钟

M168 出土镈钟 2 件，山西公安追缴曾侯宝镈钟 1 件，共计 3 件。形制纹饰相同，大小相次。立钮由两个共躯的龙曲折成梯形，平舞，镈体为扁圆筒形呈合瓦状，由上而下至中部渐张，中下部渐收，钟口平齐略收，铣边无棱。钲部上下各有两周凸弦纹，其

M168：5

间分别饰一周菱形凸起，钲部主体由两条竖行凸棱分为两区，每区饰由两条相背呈轴对称的龙纹组成长卷唇龙纹；舞部分为四区，分别饰双头长唇卷尾龙纹。

3件镈钟均为正面正鼓部铸铭，铭文内容相同。

◆ 曾侯宝墓（M168）出土镈钟

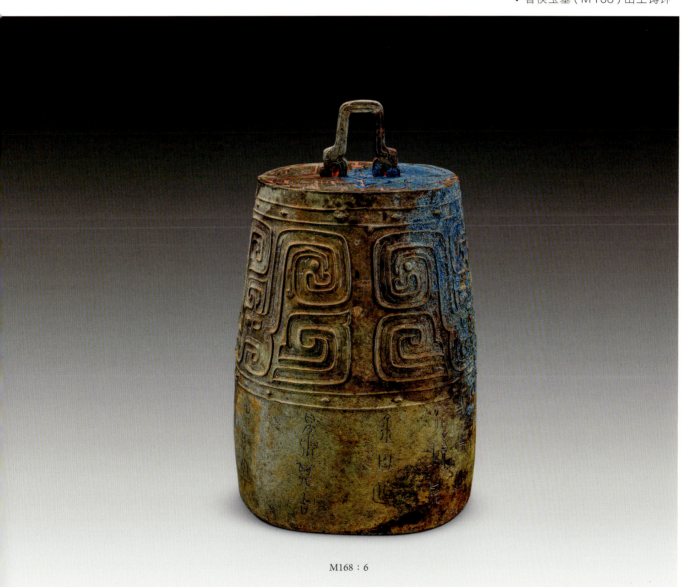

M168：6

◆ 镈钟（M168：5）舞部

01

镈钟　　M168：5

枣树林墓地出土

通高 48.6、钟高 40.8、铣间 30.55、鼓间 26.95 厘米、重 27350 克

正面正鼓部铸有铭文，铸铭 5 行 15 字："曾侯宝择其吉金，自乍（作）行钟、其永用之。"

◆ 镈钟（M168：5）正面

◆ 镈钟（M168：5）钟腔

◆ 镈钟（M168：5）钲部

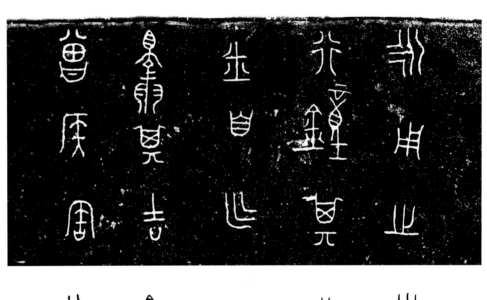

◆ 镈钟（M168：5）正面正鼓部铭文（½）

02

镈钟　M168:6

枣树林墓地出土
通高 45.2、钟高 37.4、铣间 28.1、
鼓间 25.1 厘米、重 21700 克
正面正鼓部铸铭 5 行 15 字："曾
侯宝择其吉金，自乍（作）行钟，
其永用之。"

◆ 镈钟（M168:6）拓片（¼）

◆ 铸钟（M168：6）正面

03

镈钟　（追缴）

通高 43、舞宽 20.5、铣间 26.5 厘米，
重 17100 克

正面正鼓部铸有铭文，铸铭 5 行 15 字：
"曾侯宝择其吉金，自乍（作）行钟，
其永用之。"

◆ 镈钟（追缴）钟腔

◆ 镈钟（追缴）正面正鼓部铭文

第二节 甬钟

M168 出土甬钟 13 件，山西公安追缴曾侯宝甬钟 1 件，共计 14 件。形制及纹饰相同，大小相次。扁圆长甬上细下粗，下端有旋，呈环绕甬体而凸起的箍带，旋上有斡，斡设在钟体一面轴线上，方体呈环钮状；衡平齐，平舞，舞面椭圆，钟体为扁圆筒形呈合瓦状，上窄下宽，两铣斜直下垂，铣边有棱，铣间内凹呈弧形；钲部、篆部及枚部皆以凸起的粗阳线长方框为界栏，钲两侧各有九个凸起的圆台形长枚，每侧组成三个枚带和两个篆带，全钟正反两面共有十二个枚带三十六个枚。篆部饰变形龙纹，鼓部和舞部饰龙纹。

综合编钟大小、铭文内容、字体及出土位置，可将 13 件出土甬钟分为三组，第一组 2 件（M168：8、7），第二组 6 件（M168：13、14、15、10、16、106），第三组 5 件（M168：9、12、104、105、11），根据铭文分析，M168：9 前应至少缺一件。

山西公安追缴的 1 件曾侯宝甬钟，上有铭文"曾侯宝择"，根据器形大小、铭文内容推断，其应为 M168：9 之前的一件。

第一组
甬钟

第一组甬钟2件（M168：8、7），正面钲部、右鼓部均铸有铭文，连读成句，共15字。

M168：8   M168：7

04

甬钟　M168：8

枣树林墓地出土
通高 55.6、钟高 37.5、铣间 29.2、鼓间
22.9 厘米，重 22650 克
正面钲部、右鼓部铸有铭文。

◆ 甬钟（M168：8）背面

◆ 甬钟（M168：8）舞部　　　　　　　　◆ 甬钟（M168：8）钟腔

◆ 甬钟（M168：8）正面钲部铭文　　　　◆ 甬钟（M168：8）正面右鼓部铭文
铸铭1行3字："曾侯宝"。　　　　　　　铸铭2行6字："择其吉金，自乍（作）"。

◆ 甬钟（M168：8）铭文拓片（²⁄₅）

05

甬钟　M168∶7

枣树林墓地出土

通高 54.4、钟高 36、铣间 28、鼓间
21.9 厘米，重 20800 克

正面钲部、右鼓部铸有铭文。

◆ 甬钟（M168：7）正面钲部铭文　　　　◆ 甬钟（M168：7）正面右鼓部铭文
　铸铭1行3字："行钟，其"。　　　　　　铸铭1行3字："永用之"。

◆ 甬钟（M168：7）铭文拓片（⅓）

第二组
甬钟

第二组甬钟 6 件（M168：13、14、15、10、16、106），正面钲部、右鼓部均铸有铭文，连读成句，共 15 字。

M168：13   M168：14

M168：15   M168：10   M168：16   M168：106

06

甬钟　M168：13

枣树林墓地出土

通高 49.5、钟高 33.3、铣间 26.6、鼓间
19.85 厘米，重 18350 克

正面钲部、右鼓部铸有铭文。

◆ 甬钟（M168：13）背面

◆ 甬钟（M168：13）正面钲部铭文
　铸铭1行2字："曾侯"。

◆ 甬钟（M168：13）正面右鼓部铭文
　铸铭1行2字："宝择"。

◆ 甬钟（M168：13）铭文拓片（½）

07

甬钟　M168：14

枣树林墓地出土

通高 47.3、钟高 31.7、铣间 25.6、鼓间
18.3 厘米，重 12150 克

正面右鼓部铸有铭文。

◆ 甬钟（M168：14）背面

◆ 甬钟（M168：14）舞部侧视

◆ 甬钟（M168：14）正面右鼓部铭文
　铸铭1行3字：“其吉金”。

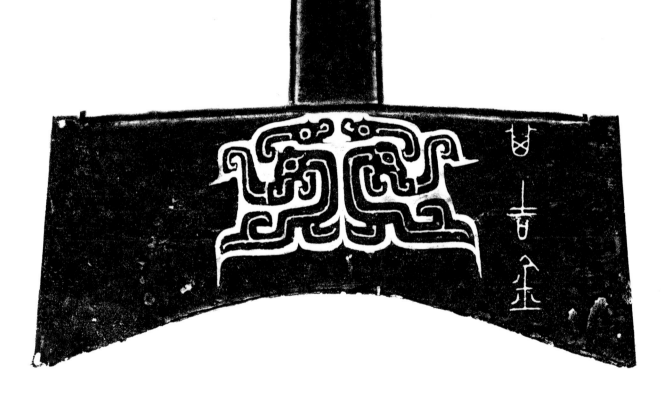

◆ 甬钟（M168：14）铭文拓片（½）

o8

甬钟　M168∶15

枣树林墓地出土
通高 37.1、钟高 23.2、铣间 18.45、鼓
间 13.45 厘米，重 7650 克
正面右鼓部铸有铭文。

◆ 甬钟（M168：15）背面

◆ 甬钟（M168：15）钟腔

◆ 甬钟（M168：15）正面右鼓部铭文
　铸铭1行2字："自乍（作）"。

◆ 甬钟（M168：15）铭文拓片（⅗）

09

甬钟   M168：10

枣树林墓地出土
通高 34.7、钟高 22.3、铣间 16.7、鼓间
12.5 厘米，重 6700 克
正面右鼓部铸有铭文。

◆ 甬钟（M168：10）背面

◆ 甬钟（M168：10）正面右鼓部铭文
铸铭1行2字："行钟"。

◆ 甬钟（M168：10）范缝

◆ 甬钟（M168∶10）铭文拓片（⅕）

10

甬钟　M168：16

枣树林墓地出土

通高 25.9、钟高 16.3、铣间 12.8、鼓间 9.5
厘米，重 3300 克

正面右鼓部铸有铭文。

◆ 甬钟（M168：16）背面

◆ 甬钟（M168：16）正面右鼓部铭文
铸铭1行2字："其永"。

◆ 甬钟（M168：16）钟腔

◆ 甬钟（M168：16）铭文拓片（⅟₁）

◆ 甬钟（M168：106）正面右鼓部铭文
铸铭1行2字："用之"。

11

甬钟　M168：106

枣树林墓地出土
通高24.8、钟高14.5、铣间11.4、鼓间8.2
厘米，重2950克
正面右鼓部铸有铭文。

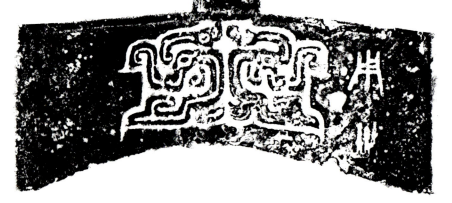

◆ 甬钟（M168：106）铭文拓片 （⅕）

◆ 甬钟（M168：106）正面

第三组
甬钟

第三组甬钟5件（M168：9、12、104、105、11）。根据器形大小及铭文推测山西公安追缴甬钟应为M169：9之前一件。此组6件

M168：9

M168：12

甬钟均单面铸铭，除追缴甬钟为正面钲部和正面右鼓部两处铸铭外，其
余5件均为正面右鼓部铸铭，6件甬钟铭文连读成句，共15字。

M168：104   M168：105   M168：11

12

甬钟 M168 : 9

枣树林墓地出土

通高 47.3、钟高 31.9、铣间 25.25、鼓间
18.35 厘米，重 17900 克

正面右鼓部铸有铭文，1 行 3 字："其吉金"。

◆ 甬钟（M168∶9）背面

◆ 甬钟（M168∶9）铭文拓片（⅖）

13

甬钟　M168：12

枣树林墓地出土

通高 36.1、钟高 23.1、铣间 18.2、鼓间
13.55 厘米，重 8000 克

正面右鼓部铸有铭文，1 行 2 字："自
乍（作）"。

◆ 甬钟（M168：12）背面

◆ 甬钟（M168：12）铭文拓片（⅖）

14

甬钟　　M168：104

枣树林墓地出土

通高 35.2、钟高 21.9、铣间 17、鼓间 12.6
厘米，重 6550 克

正面右鼓部铸有铭文，1 行 2 字："行钟"。

◆ 甬钟（M168：104）背面

◆ 甬钟（M168：104）铭文拓片（²/₅）

通高 25.6、钟高 16.3、铣间 12.6、鼓间 9.4

厘米，重 3400 克

正面右鼓部铸有铭文，1 行 2 字："其永"。

15

甬钟　　M168：105

枣树林墓地出土

通高 25.6、钟高 16.3、铣间 12.6、鼓间 9.4

厘米，重 3400 克

正面右鼓部铸有铭文，1 行 2 字："其永"。

◆ 甬钟（M168：105）背面

◆ 甬钟（M168：105）铭文拓片（½）

16

甬钟   M168：11

枣树林墓地出土

通高 24.3、钟高 14.4、铣间 11.5、鼓间 8.3
厘米，重 2700 克

正面右鼓部铸有铭文，1 行 2 字："用之"。

◆ 甬钟（M168∶11）背面

◆ 甬钟（M168∶11）铭文拓片（½）

◆ 甬钟（追缴）正面钲部铭文
　铸铭 1 行 2 字："曾侯"。

◆ 甬钟（追缴）正面右鼓部铭文
　铸铭 1 行 2 字："宝择"。

17

甬钟　（追缴）

通高 49.5、舞宽 22.5、铣间 26.5 厘米、
重 17700 克
正面钲部、右鼓部铸有铭文。

◆ 甬钟（追缴）正面

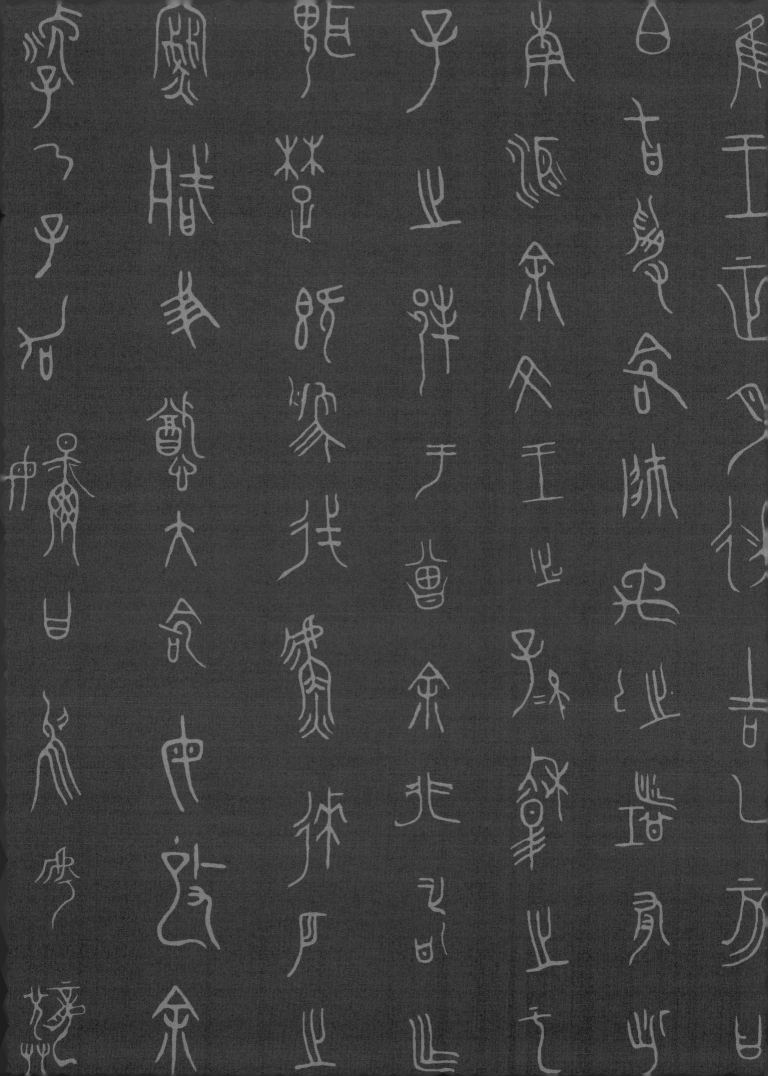

4

芈加编钟

◎ 芈加墓（M169）位于枣树林墓地中部，曾侯宝墓北部约11米。2019年对该墓进行发掘，出土随葬器物46件（套），因被盗扰，铜编钟仅余19件，其中镈形钮钟10件、钮钟9件，形制与曾公求镈形钮钟及钮钟一致。综合编钟大小、铭文内容、字体、出土位置等信息可将19件编钟分为四组，第一组镈形钮钟4件（M169：9、12、7、10）；第二组镈形钮钟1件（M169：20），据铭文分析至少还缺1件；第三组镈形钮钟5件（M169：13、8、11、14、19），据铭文分析应在M169：11后、M169：14前缺少1件；第四组钮钟9件（M169：23、15、21、22、17、18、16、40、41）。

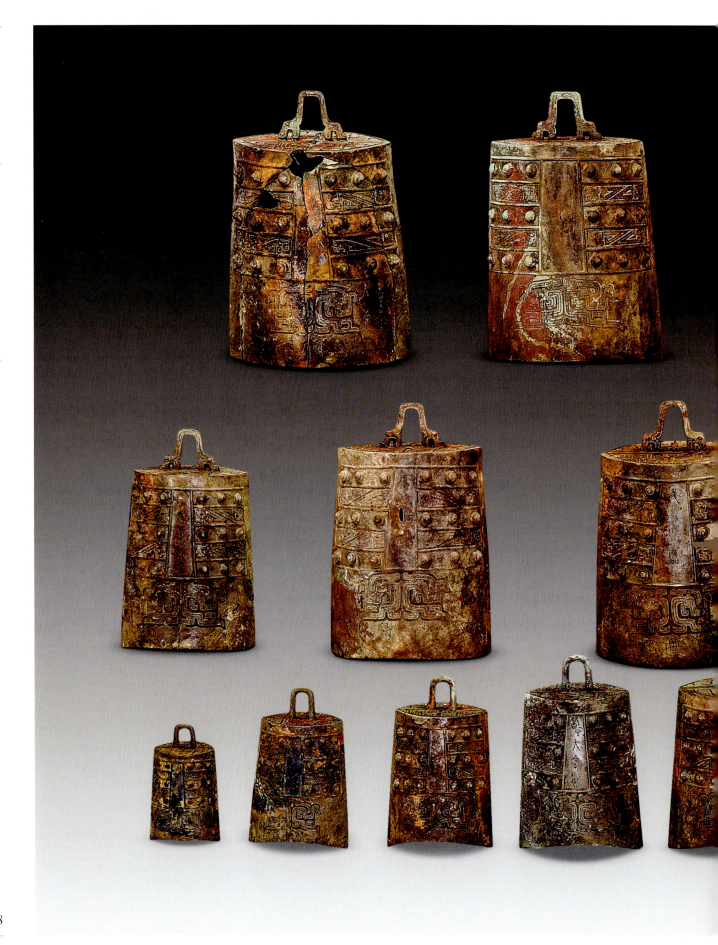

◆芈加墓（M169）出土编钟

◆ 羋加墓（M169）编钟出土情况

**第一组
镈形钮钟**

第一组镈形钮钟 4 件（M169：9、12、7、10），是 M169 中个体最大的一组。钮钟正、背面均有铭文，铭文首尾完备，是完整的一组。该组编钟的连读顺序为：钲部→右鼓部→正鼓部→左鼓部，然后反过来到另一面的钲部，如此循环连读。

M169：9

M169：12

M169：7   M169：10

01

镈形钮钟   M169：9

枣树林墓地出土
通高 39、钟高 32、铣间 26.45、鼓间
23.1 厘米，重 10150 克
正面及背面钲部、右鼓部、正鼓部、
左鼓部均铸有铭文。

◆ 镈形钮钟（M169：9）背面

◆ 镈形钮钟（M169：9）拓片（正面）（⅓）

◆ 镈形钮钟（M169∶9）铭文拓片（背面）(⅓)

释文：

佳（唯）王正月初
吉乙亥曰白（伯）

◆ 镈形钮钟（M169：9）正面钲部铭文，铸铭2行10字（⅗）

释文：

舌（括）受命帅
禹之堵有
此南洍余
文王之孙

◆ 镈形钮钟（M169：9）正面右鼓部铭文，铸铭4行16字（⅗）

释文：

穆
之元
子
之〈出〉
邦

◆ 铸形钮钟（M169：9）正面正鼓部铭文，铸铭5行6字（⅗）

释文：

于曾余非
敢作（作）瑰（恥）楚
既为代（忒）敓（吾）
徕匹之密

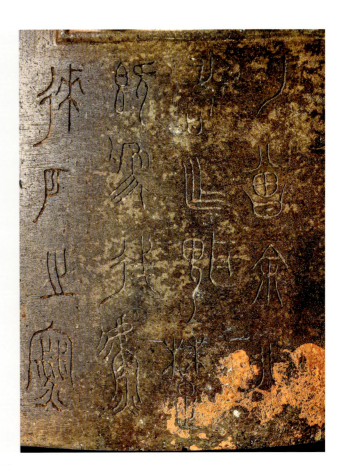

◆ 铸形钮钟（M169：9）正面左鼓部铭文，铸铭4行16字（⅗）

释文：
臧我懵大命
毋改余

◆ 铸形钮钟（M169：9）背面钲部铭文，铸铭2行8字（⅗）

释文：
虩小子加
嫚（芈）曰鸣
呼觐（龚）公

◆ 铸形钮钟（M169：9）背面右鼓部铭文，铸铭3行10字（⅗）

释文：
曩（早）
陟
余
匌
其

◆ 铸形钮钟（M169：9）背面正鼓部铭文，铸铭5行5字（⅗）

释文：
疆畐（鄙）行相
曾邦以
长辥夏

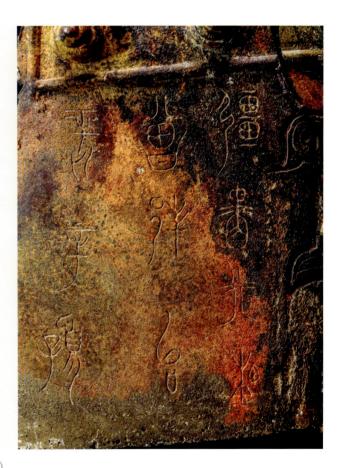

◆ 铸形钮钟（M169：9）背面左鼓部铭文，铸铭3行10字（⅗）

02

镈形钮钟　M169：12

枣树林墓地出土
通高 39.2、钟高 31.85、铣间 26.7、鼓
间 21.8 厘米，重 10150 克
正面及背面钲部、右鼓部、正鼓部、
左鼓部均铸有铭文。

◆ 镈形钮钟（M169∶12）背面

◆ 镈形钮钟（M169：12）拓片（正面）（⅓）

◆ 镈形钮钟（M169：12）铭文拓片（背面）（⅓）

释文：
余典册厥
德殿民之

◆ 铸形钮钟（M169：12）正面钲部铭文，铸铭2行8字（⅗）

释文：
氏巨攸攸
骁骁余［为妇］为
夫余

◆ 铸形钮钟（M169：12）正面右鼓部铭文，铸铭3行10字（⅗）

释文：

辟　下　顯　濺
　　　(显?)

◆ 铸形钮钟（M169：12）正面正鼓部铭文，铸铭4行4字（⅗）

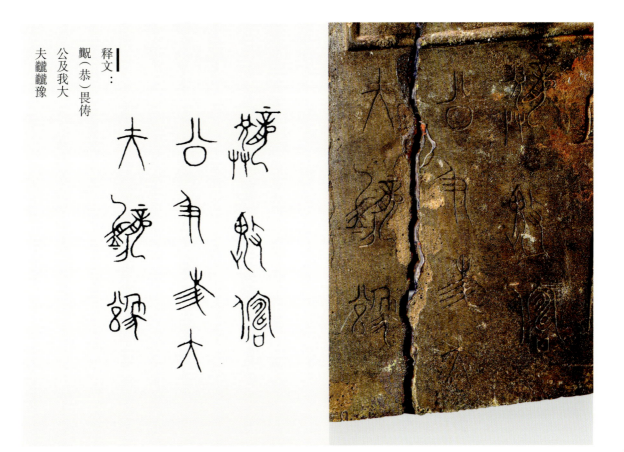

释文：

夫龓龓豫　公及我大　覗（恭）畏倳

◆ 铸形钮钟（M169：12）正面左鼓部铭文，铸铭3行11字（⅗）

释文：政乍（作）䢷邦

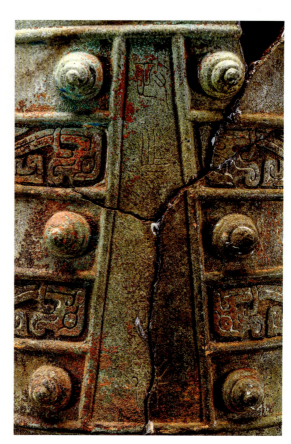

◆ 铸形钮钟（M169：12）背面钲部铭文，铸铭1行4字（³∕₅）

释文：
家余择
䢷吉金
玄镠黄

◆ 铸形钮钟（M169：12）背面右鼓部铭文，铸铭3行9字（³∕₅）

◆ 铸形钮钟（M169：12）背面正鼓部铭文，铸铭5行5字（⅗）

释文：
镈
用
自
乍（作）
宗

释文：
彝龢钟
以乐好
宾嘉客

◆ 铸形钮钟（M169：12）背面左鼓部铭文，铸铭3行9字（⅗）

O3

镈形钮钟　M169：7

枣树林墓地出土
通高 37.1、钟高 30.3、铣间 14.6、鼓间
19.4 厘米，重 9750 克
正面及背面钲部、右鼓部、正鼓部、
左鼓部均铸有铭文。

◆ 铸形钮钟（M169：7）背面

◆ 镈形钮钟（M169：7）拓片（正面）（⅔）

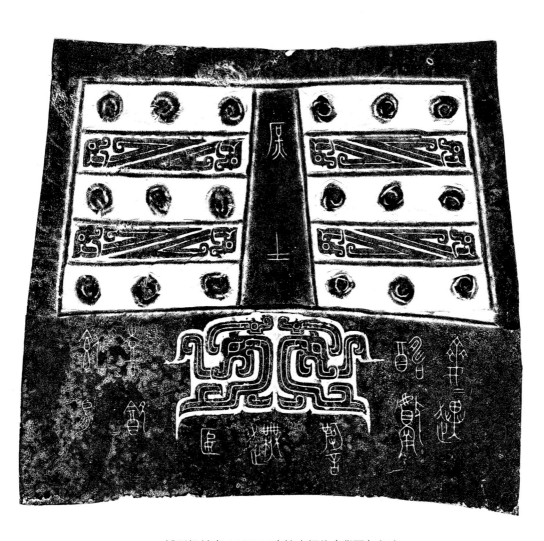

◆ 镈形钮钟（M169：7）铭文拓片（背面）（⅔）

释文：父兄及我

◆ 镈形钮钟（M169：7）正面钲部铭文，铸铭1行4字（⅗）

释文：
大夫用
考用享
受福无

◆ 镈形钮钟（M169：7）正面右鼓部铭文，铸铭3行9字（⅗）

释文：兮其羼疆

◆ 铸形钮钟（M169：7）正面正鼓部铭文，铸铭4行4字（3/5）

释文：
龢 休淑孔
煌大夫

◆ 铸形钮钟（M169：7）正面左鼓部铭文，铸铭3行7字（3/5）

释文：庶士

◆ 镈形钮钟（M169：7）背面钲部铭文，铸铭1行2字（3/5）

释文：斋翼酬献

◆ 镈形钮钟（M169：7）背面右鼓部铭文，铸铭2行4字（3/5）

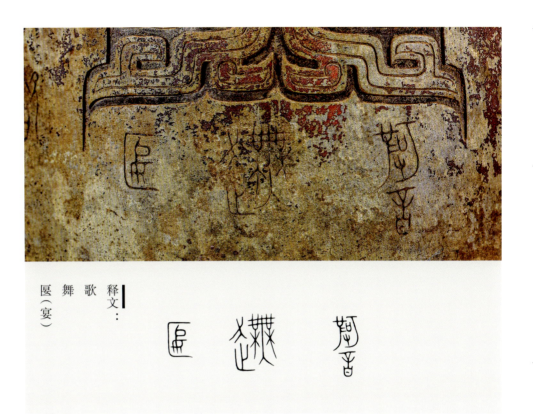

释文：
歌
舞
匽（宴）

◆ 铸形钮钟（M169：7）背面正鼓部铭文，铸铭3行3字（⅗）

释文：
喜（囍）饮
食易（赐）

◆ 铸形钮钟（M169：7）背面左鼓部铭文，铸铭2行4字（⅗）

04

镈形钮钟　M169：10

枣树林墓地出土

通高 34.4、钟高 27.7、铣间 23.1、鼓间
18.05 厘米，重 9050 克

正面钲部、右鼓部、正鼓部、左鼓部及
背面钲部、右鼓部、左鼓部均铸有铭文。

◆ 镈形钮钟（M169：10）背面

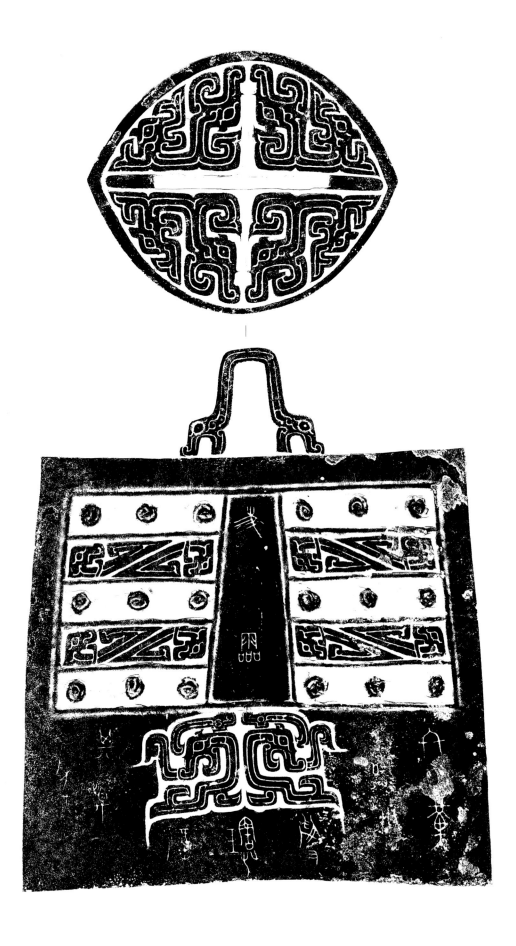

◆ 镈形钮钟（M169：10）拓片（正面）（²⁄₅）

◆ 镈形钮钟（M169：10）铭文拓片（背面）（⅖）

释文：我霝（令）

◆ 铸形钮钟（M169：10）正面钲部铭文，铸铭1行2字（⅔）

释文：
冬（终）黄
耂用

◆ 铸形钮钟（M169：10）正面右鼓部铭文，铸铭2行4字（⅔）

释文：
受 宝 福

◆ 铸形钮钟（M169：10）正面正鼓部铭文，铸铭3行3字（⅔）

释文：
年 其万

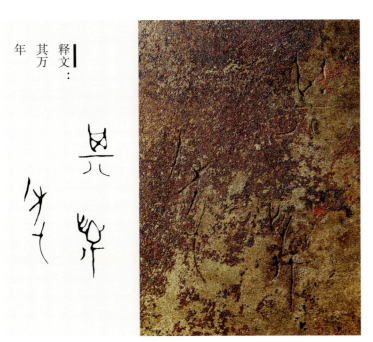

◆ 镈形钮钟（M169：10）正面左鼓部铭文，铸铭2行3字（²⁄₃）

释文：毋改

◆ 镈形钮钟（M169：10）背面钲部铭文，
铸铭1行2字（²⁄₃）

释文：
孙子 至于

◆ 镈形钮钟（M169：10）背面右鼓部铭文，铸铭2行4字（²⁄₃）

释文：
用之 石（庶）保

◆ 镈形钮钟（M169：10）背面左鼓部铭文，铸铭2行4字（²⁄₃）

第二组
镈形钮钟

第二组镈形钮钟 1 件（M169：20），根据铭文推测此件之后至少
还缺少 1 件。此件钮钟铭文连读顺序为：正面钲部→正面左鼓部→
背面右鼓部→背面钲部→背面左鼓部→正面右鼓部。

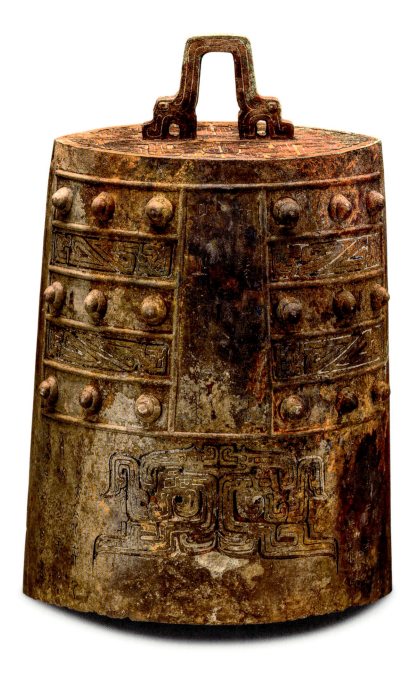

◆ 镈形钮钟（M169：20）背面

05

镈形钮钟　　M169：20

枣树林墓地出土
通高 38.6、钟高 31.7、铣间 26.6、
鼓间 22.5 厘米，重 10850 克
正面及背面钲部、右鼓部、左鼓
部均铸有铭文。

◆ 镈形钮钟（M169：20）正面

◆ 镈形钮钟（M169：20）钮部

◆ 镈形钮钟（M169：20）篆部及枚部

◆ 镈形钮钟（M169：20）舞部

◆ 镈形钮钟（M169：20）钟腔

第三组
镈形钮钟

第三组镈形钮钟5件（M169：13、8、11、14、19）。根据铭文推测在 M169：11 之后、M169：14 之前至少缺1件。此组5件编钟除 M169：13 为两面铸铭外，其余4件均单面铸铭。M169：13 镈

M169：13   M169：8

形钮钟铭文连读顺序为：正面钲部→右鼓部→正鼓部→左鼓部，再反过来
到背面钲部→右鼓部→正鼓部→左鼓部。其余4件编钟的铭文连读顺序为：
钲部→右鼓部→正鼓部→左鼓部。

M169：11   M169：14   M169：19

06

镈形钮钟　　M169：13

枣树林墓地出土

通高 33.5、钟高 27.4、铣间 21.8、鼓间
17.2 厘米，重 8750 克

正面及背面钲部、正鼓部、右鼓部、
左鼓部均铸有铭文。

◆ 镈形钮钟（M169：13）背面

07

镈形钮钟   M169：8

枣树林墓地出土
通高 33.4、钟高 26.5、铣间 20.1、鼓间
15.7 厘米、重 6650 克
正面钲部、右鼓部、正鼓部、左鼓部
均铸有铭文。

◆ 镈形钮钟（M169∶8）线图（⅓）

o8

镈形钮钟　M169∶11

枣树林墓地出土
通高 31.2、钟高 24.9、铣间 19.3、鼓间
14 厘米、重 4850 克
正面钲部、右鼓部、正鼓部、左鼓部
均铸有铭文。

09

镈形钮钟　　M169∶14

枣树林墓地出土

通高 29.4、钟高 24.2、铣间 18.2、鼓间
13.3 厘米，重 5200 克

正面钲部、右鼓部、正鼓部、左鼓部
均铸有铭文。

10

镈形钮钟   M169：19

枣树林墓地出土
通高 28.1、钟高 22.3、铣间 17.1、鼓间
14.5 厘米，重 5200 克
正面钲部、右鼓部、正鼓部、左鼓部
均铸有铭文。

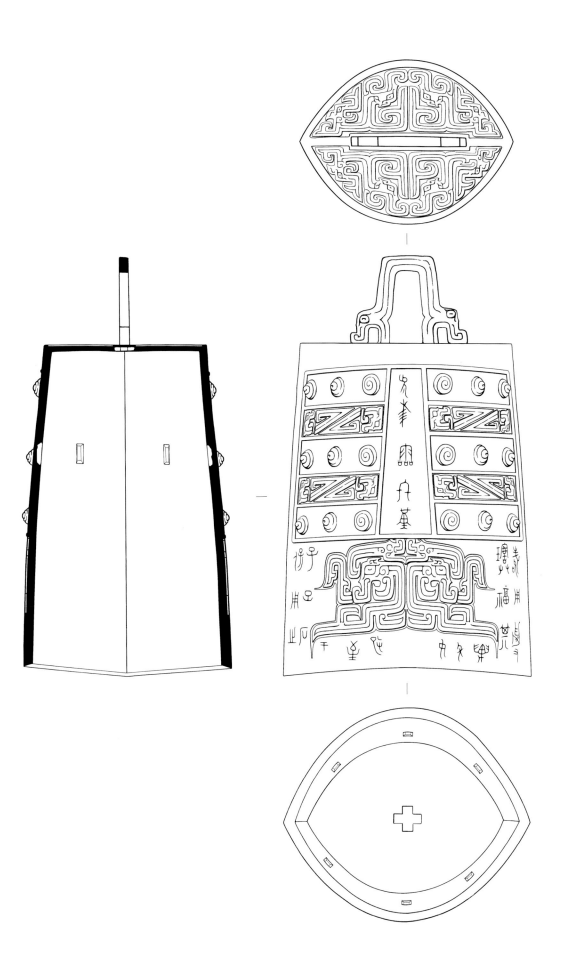

◆ 镈形钮钟（M169：19）线图（²⁄₅）

第四组
钮钟

第四组钮钟9件（M169：23、15、21、22、17、18、16、40、41）。

9件钮钟铭文连读成句，前5件钮钟为双面铸铭，后4件为单面铸铭；双面铸铭的钮钟，除M169：23正鼓部铸铭外，其余4件

M169：23   M169：15   M169：21   M169：22

正鼓部均未铸铭。铭文的连读顺序为：正面钲部→正面右鼓部→正面正鼓部→正面左鼓部→背面钲部→背面右鼓部→背面正鼓部→背面左鼓部。

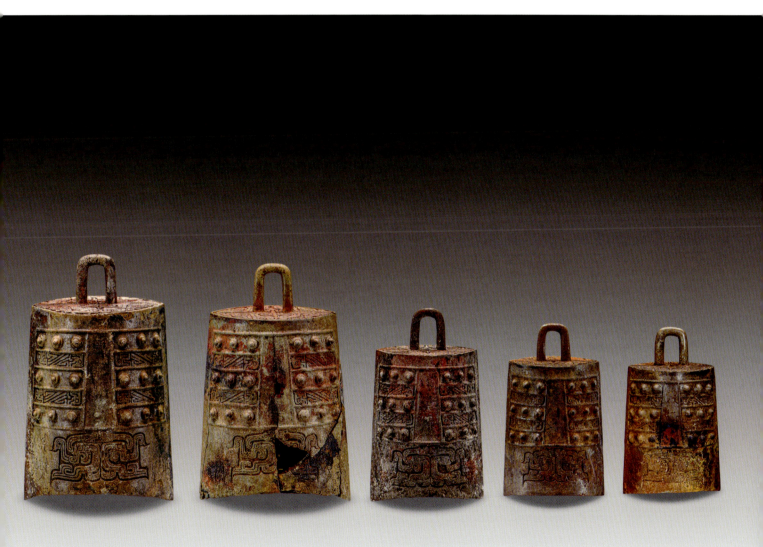

M169：17   M169：18   M169：16   M169：40   M169：41

11

钮钟　M169：23

枣树林墓地出土

通高 24.9、钟高 20.3、铣间 16.4、鼓间
10.3 厘米、重 3200 克

正面及背面钲部、正鼓部、右鼓部、
左鼓部均铸有铭文。

◆ 钮钟（M169：23）背面

12

钮钟　M169：15

枣树林墓地出土
通高 24.1、钟高 19.7、铣间 15.4、鼓间
10.95 厘米，重 3200 克
正面及背面钲部、右鼓部、左鼓部均
铸有铭文。

◆ 钮钟（M169∶15）背面

13

钮钟　　M169：21

枣树林墓地出土
通高 23.3、钟高 18.8、铣间 14.65、鼓
间 10.1 厘米，重 3050 克
正面及背面钲部、右鼓部、左鼓部均
铸有铭文。

◆ 钮钟（M169：21）背面

14

钮钟   M169：22

枣树林墓地出土
通高 21.2、钟高 17.7、铣间 13.05、鼓间 9.3
厘米，重 2400 克
正面及背面钲部、右鼓部、左鼓部均
铸有铭文。

◆ 钮钟（M169：22）背面

15

钮钟　M169：17

枣树林墓地出土

通高 20.5、钟高 16.7、铣间 12.8、鼓间 8.95
厘米，重 2250 克

正面及背面钲部、右鼓部、左鼓部均
铸有铭文。

◆ 钮钟（M169：17）背面

16

钮钟　M169：18

枣树林墓地出土

通高 19.6、钟高 15.8、铣间 12.9、鼓间 8.2

厘米，重 1950 克

正面钲部、右鼓部、左鼓部铸有铭文。

17

钮钟　　M169：16

枣树林墓地出土
通高 16、钟高 12.45、铣间 9.7、鼓间 6.75
厘米，重 1150 克
正面钲部、右鼓部、左鼓部铸有铭文。

18

钮钟　　M169：40

枣树林墓地出土

通高 14.85、钟高 11.65、铣间 9、鼓间
6.6 厘米，重 1100 克

正面钲部、右鼓部、左鼓部铸有铭文。

19

钮钟   M169：41

枣树林墓地出土

通高 12.2、钟高 11.1、铣间 8.7、鼓间 6.1

厘米，重 1050 克

正面钲部、右鼓部、左鼓部铸有铭文。

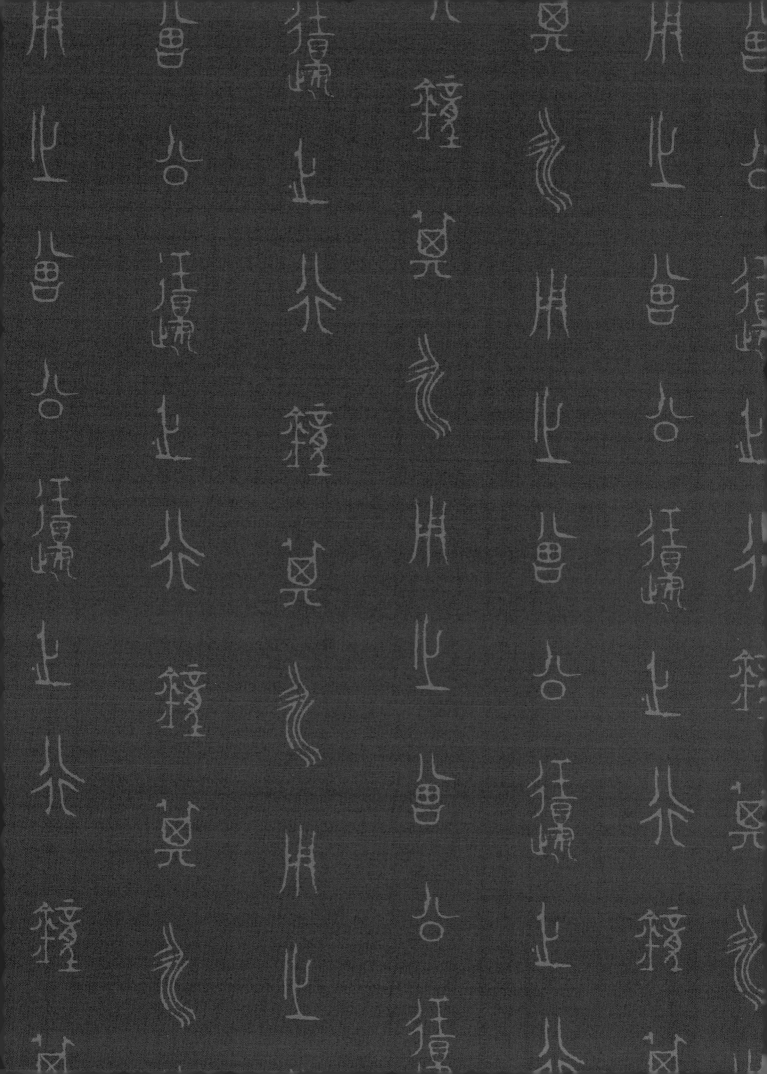

5

［第五单元］

曾侯得编钟

◎ 曾侯得墓（M129）位于枣树林墓地中部，是墓地5座
"甲"字形大墓之一，2017～2018年对其进行全面揭露，
出土铜、陶、玉等材质随葬器物66件（套），其中包括
铜编钟一套20件。

◆ 曾侯得墓（M129）出土编钟

◆ 曾侯得墓（M129）编钟出土情况

镈钟

镈钟4件，形制纹饰相同，大小相次。立钮由两个共躯的龙曲折成梯形，平舞，镈体为扁圆筒形呈合瓦状，由上而下至中部渐张，中下部渐收，钟口平齐，铣边无棱。钲部、篆部及枚部皆以凸起的粗阳线长方框为界栏，钲的两侧各有九个凸起的三叠层乳丁枚，每侧组成三个枚带和两个篆带，全钟正反两面共有十二个枚带三十六个枚。篆部饰变形龙纹，鼓部和舞部饰龙纹。

每件镈钟正面钲部均铸有相同的铭文。

M129：18   M129：17

◆ 曾侯得墓（M129）出土铸钟

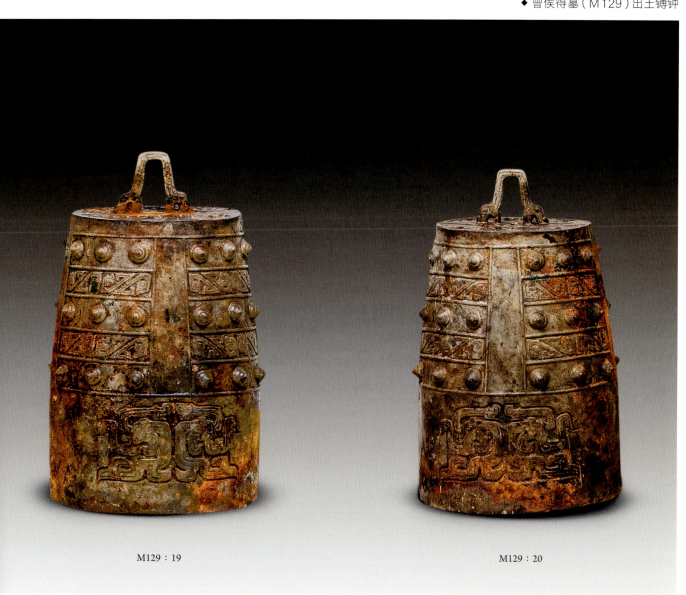

M129：19

M129：20

01

镈钟　　M129：18

枣树林墓地出土

通高 47.6、钟高 18.9、铣间 29.7、鼓间
25.6 厘米，重 13300 克

正面钲部铸有铭文，2 行 10 字："曾公
得之行钟，其永用之。"

◆ 镈钟（M129∶18）钮部

◆ 镈钟（M129∶18）舞部

◆ 镈钟（M129：18）篆部及枚部

◆ 镈钟（M129：18）正鼓部

◆ 镈钟（M129：18）正面钲部铭文

O2

镈钟　　M129：17

枣树林墓地出土

通高 45.7、钟高 37.4、铣间 29.9、鼓间
25.2 厘米，重 12800 克

正面钲部铸有铭文，2 行 10 字："曾公
得之行钟，其永用之。"

03

镈钟 M129：19

枣树林墓地出土

通高 44.4、钟高 36.6、铣间 26.85、鼓
间 23.8 厘米，重 11500 克

正面钲部铸有铭文，2 行 10 字："曾公
得之行钟，其永用之。"

04

镈钟 　M129：20

枣树林墓地出土
通高 41.7、钟高 35.1、铣间 26.1、
鼓间 20.8 厘米，重 9850 克
正面钲部铸有铭文，2 行 10 字："曾
公得之行钟，其永用之。"

◆ 镈钟（M129：20）拓片（⅓）

第二节

甬钟

　　甬钟16件，形制相同，大小相次。扁圆长甬，上细下粗，下端有旋，呈环绕甬体而凸起的箍带，旋上饰数量不等的乳丁；旋上有斡，斡设在钟体一面轴线上，方体呈环钮状；衡平齐，平舞，舞面椭圆，钟体为扁圆筒形呈合瓦状，上窄下宽，两铣斜直下垂，铣边有棱，铣间内凹呈弧形；钲部、篆部及枚部皆以凸起的粗阳线长方框为界栏，钲两

侧各有九个凸起的圆台形长枚，每侧组成三个枚带和两个篆带，全钟正反两面共有十二个枚带三十六个枚。篆部饰变形龙纹，旋、斡饰三角龙纹，甬、鼓部和舞部饰龙纹。

除 M129 : 3 外，其他甬钟正面钲部均铸有铭文，铭文均为 2 行 10 字，内容相同。

◆ 曾侯得墓（M129）出土甬钟

正面钲部铸有铭文，2 行 10 字："曾公
得之行钟，其永用之。"

05

甬钟　M129 : 2

枣树林墓地出土
通高 57.5、钟高 34.7、铣间 27.4、鼓间
19.2 厘米，重 17850 克
正面钲部铸有铭文，2 行 10 字："曾公
得之行钟，其永用之。"

◆ 甬钟（M129：2）背面

◆ 甬钟（M129∶2）舞部

◆ 甬钟（M129∶2）钟腔

◆ 甬钟（M129：2）篆部

◆ 甬钟（M129：2）正鼓部

◆ 甬钟（M129：2）旋斡

◆ 甬钟（M129：2）正面钲部铭文

◀ 甬钟（M129：2）甬部

06

甬钟　　M129 : 11

枣树林墓地出土

通高 56.6、钟高 34.3、铣间 27.2、鼓间
19.6 厘米，重 17000 克

正面钲部铸有铭文，2 行 10 字："曾公
得之行钟，其永用之。"

◆ 甬钟（M129：11）背面

07

甬钟　M129：9

枣树林墓地出土

通高 54.1、钟高 33.6、铣间 25.3、鼓间
18.2 厘米，重 15850 克

正面钲部铸有铭文，2 行 10 字："曾公
得之行钟，其永用之。"

◆ 甬钟（M129：9）背面

08

甬钟 M129：13

枣树林墓地出土

通高 53.3、钟高 32.4、铣间 26、鼓间
17.8 厘米，重 14650 克

正面钲部铸有铭文，2 行 10 字："曾公
得之行钟，其永用之。"

◆ 甬钟（M129∶13）背面

09

甬钟　M129：6

枣树林墓地出土

通高 49.1、钟高 29.2、铣间 23.3、鼓间
16.5 厘米，重 12250 克

正面钲部铸有铭文，2 行 10 字："曾公
得之行钟，其永用之。"

◆ 甬钟（M129：6）背面

10

甬钟   M129：8

枣树林墓地出土

通高 47.5、钟高 29.5、铣间 23.9、鼓间
15.8 厘米，重 11050 克

正面钲部铸有铭文，2 行 10 字："曾公
得之行钟，其永用之。"

◆ 甬钟（M129：8）背面

11

甬钟   M129：12

枣树林墓地出土

通高 46.1、钟高 27.8、铣间 22.1、鼓间
15.4 厘米，重 10650 克

正面钲部铸有铭文，2 行 10 字："曾公
得之行钟，其永用之。"

◆ 甬钟（M129：12）背面

12

甬钟 M129：5

枣树林墓地出土

通高 42.9、钟高 25.7、铣间 21.5、鼓间
14.8 厘米，重 8300 克

正面钲部铸有铭文，2 行 10 字："曾公
得之行钟，其永用之。"

◆ 甬钟（M129：5）背面

13

甬钟　　M129：10

枣树林墓地出土

通高 37.9、钟高 22.3、铣间 18.6、鼓间
12.4 厘米，重 7500 克

正面钲部铸有铭文，2 行 10 字："曾公
得之行钟，其永用之。"

◆ 甬钟（M129：10）背面

14

甬钟　M129：1

枣树林墓地出土

通高 36.6、钟高 23.7、铣间 19.7、鼓间
14.1 厘米，重 7200 克

正面钲部铸有铭文，2 行 10 字："曾公
得之行钟，其永用之。"

◆ 甬钟（M129：1）背面

15

甬钟　M129：15

枣树林墓地出土

通高 35.8、钟高 21.7、铣间 18.7、鼓间
12.4 厘米，重 5800 克

正面钲部铸有铭文，2 行 10 字："曾公
得之行钟，其永用之。"

◆ 甬钟（M129∶15）背面

◆ 甬钟（M129：14）拓片（½）

龢钟鸣凰

春·秋·曾·国·编·钟

16

甬钟　M129：14

枣树林墓地出土

通高 35.4、钟高 19.8、铣间 15.9、鼓间
11.1 厘米，重 6000 克

正面钲部铸有铭文，2 行 10 字："曾公
得之行钟，其永用之。"

17

甬钟　M129∶7

枣树林墓地出土

通高 33.1、钟高 19.7、铣间 16.15、鼓
间 11.25 厘米，重 4750 克

正面钲部铸有铭文，2 行 10 字："曾公
得之行钟，其永用之。"

◆ 甬钟（M129：7）拓片（½）

18

甬钟　M129：16

枣树林墓地出土

通高 31.5、钟高 18.1、铣间 14.2、鼓间
10.2 厘米、重 3750 克

正面钲部铸有铭文，2 行 10 字："曾公
得之行钟，其永用之。"

◆ 甬钟（M129：16）背面

19

甬钟　M129：4

枣树林墓地出土

通高 29.7、钟高 18.2、铣间 14.5、鼓间
10.1 厘米，重 4000 克

正面钲部铸有铭文，2 行 10 字："曾公
得之行钟，其永用之。"

◆ 甬钟（M129∶4）背面

20

甬钟   M129：3

枣树林墓地出土

通高 29.3、钟高 17.5、铣间 14.4、鼓间
10.3 厘米，重 3150 克

◆ 甬钟（M129：3）背面

6

曾侯與与
M4 曾侯编钟

◎ 曾侯與墓（M1）和M4曾侯墓位于文峰塔墓地西北部，2009～2011年对两座墓葬进行抢救性发掘，M1出土甬钟8件，另有带铭文的编钟残片2块；M4出土甬钟1件。

形制大致相同，大小不一。钟体皆扁圆如合瓦，铣边有棱，平舞，上有八棱柱形甬，上细下粗，甬下部有旋、斡，旋上有圆泡形对称四乳，乳上浮雕涡状蟠螭纹。斡作方形钮状，与钲部保持同一中轴线。甬体中空有泥芯，与钟腔对接处封闭。钟体立面呈上略窄下略宽的梯形，于部向上收成圆弧形，铣部下阔，甬、旋、斡均饰浮雕繁密细小蟠螭纹，触之棘手。舞部以甬底为中心用"十"字形素带划分成对称的四格，浮雕略粗大的蟠螭纹。钟体上以绚索纹凸棱为界框，将钲部

M1∶1   M1∶3

和篆带、枚带分隔成区，篆带饰浮雕蟠螭纹，枚带无纹。钲部两侧及篆带上下之间各有九个凸起的圆台状乳丁枚，其枚三三并列为一区，每面两区六个枚带十八个枚，全钟正反面共十二个枚带三十六个枚。鼓部纹饰较突出，由粗大蟠螭组合成蟠龙纹图案，整体呈对称的灵动蝶翅状纹图案模块。在钟体的钲部、两侧鼓部铸有阴刻铭文。

　　综合器形及铭文内容，可将编钟分为三组，第一组（M1∶1、2），第二组（M1∶3、4），第三组（M1∶5、6、7、8）。

◆ 曾侯與墓（M1）出土编钟

M1∶4　　　　M1∶5　　　　M1∶6　　　　M1∶7　　　M1∶8

第一组
甬钟

第一组甬钟现存2件，铭文内容相同，只行款和个别字的写法有所不同。铭文连读顺序为：正面钲部→正面左鼓部→背面右鼓部→背面钲部→背面左鼓部→正面右鼓部。

01

甬钟　M1∶1

文峰塔墓地出土
通高112.6、钟高68.2、铣间49.2、鼓间38厘米
正面及背面钲部、左鼓部、右鼓部均铸有铭文，共有170字，其中合文1、重文2处。

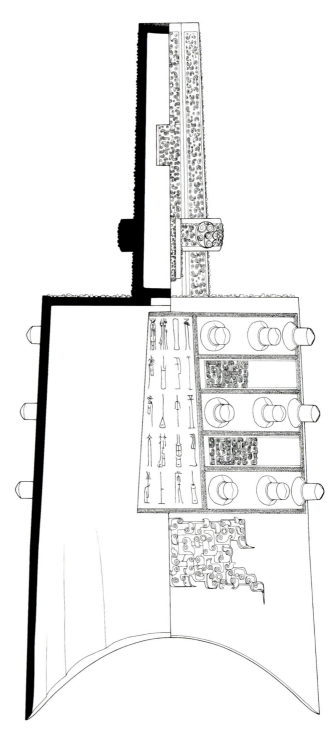

◆ 甬钟（M1∶1）线图（¹⁄₆）

◆ 甬钟（M1：1）正面

◆ 甬钟（M1：1）枚带及篆部

◆ 甬钟（M1：1）舞部

◆ 甬钟（M1：1）正鼓部

◆ 甬钟（M1：1）旋斡

◀ 甬钟（M1：1）甬部

释文：

佳（惟）王正月吉

日甲午曾侯

臙（與）曰白（伯）篷（括）上

嘼（庸）鍌（左）鍌（右）文武

◆ 甬钟（M1：1）正面钲部铭文，铸铭4行20字（⅓）

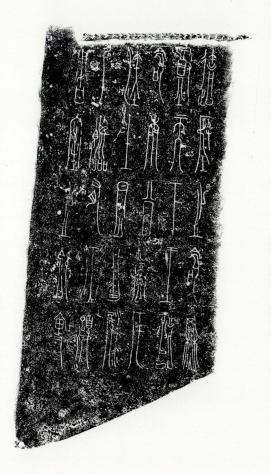

释文：

达（挞）殷之命咒（抚）

數（定）天下王遣（遣）

命南公鬶（营）宅

塑（汭）土君此淮

尸（夷）飘（临）有江瀕（夏）

周室之既庳（卑）

◆ 甬钟（M1：1）正面左鼓部铭文，铸铭6行30字（⅓）

释文：

嫐（吾）用燮谲楚

吴恃有众庶

行乱西政（征）南

伐乃加于楚

昏（荆）邦既虦（变？剐？）而

天命酒（将）误有

懺（严）曾侯薁＝（业业）厥

◆ 甬钟（M1：1）背面右鼓部铭文，铸铭7行36字（⅓）

释文：

譚（圣）亲博（搏）武攻（功）

楚命是靚（静）返（复）

敱（定）楚王曾侯

之霏（灵胖－乂）穆穆曾侯

◆ 甬钟（M1：1）背面钲部铭文，铸铭4行20字（1/3）

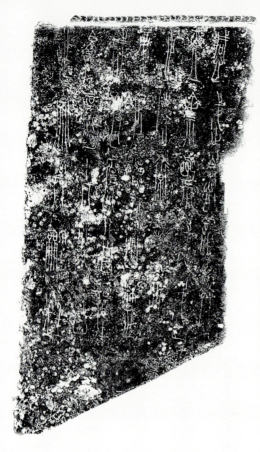

释文：

憨（莊）武惧（畏）忌（忌）共（恭）

寅（寅）斋祟（盟）伐武

之表怀嫠四

旁（方）余𧋙𧋙（申）𦥑（固？）楚

成改返（复）曾疆

择悻（选？）吉金自

酢（作）宗彝龢钟

◆ 甬钟（M1：1）背面左鼓部铭文，铸铭7行35字（⅓）

释文：

鸣銑（皇）用考（孝）[台（以）

亯（享）于悼（辟？）皇昜（祖）

以[慸（祈）]釁（眉）耆（寿）大

命之长期（其）肫（纯）

譓（德）降舍（余）万蝶（世）

是惆（尚）

◆ 甬钟（M1：1）正面右鼓部铭文，铸铭6行27字（其中2字残泐，系据M1：2相应文字补足）（⅓）

O2

甬钟　　M1 : 2

文峰塔墓地出土
残高 87.2、铣间 51.2 厘米
铭文内容与 M1 : 1 基本一致，只是形
款有所差别，个别字的写法也有不同，
残存 84 字。

释文：
吉侯
簠（适）上
文武

◆ 甬钟（M1：2）正面钲部铭文，残存4行6字（⅓）

释文：
达（挞）殷之命咒（抚）
戡（定）天下王遣（遣）
命南公綮（营）宅
塑（汭）土君此淮
尸（夷）虩（临）有江瀕（湆）
周室之既庫（卑）

◆ 甬钟（M1：2）正面左鼓部铭文，铸铭6行30字（⅓）

433

释文：燮禼楚

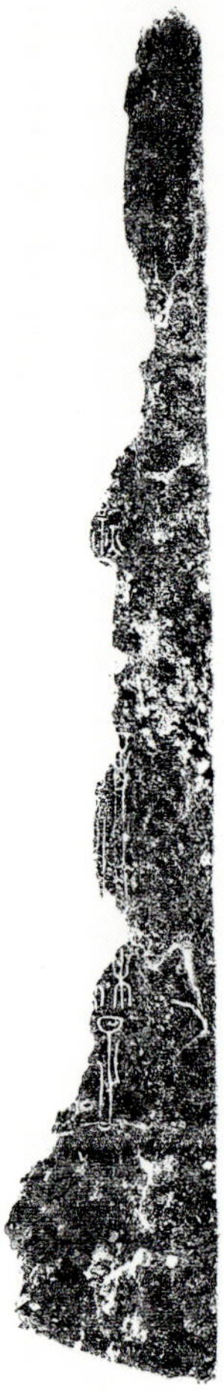

◆ 甬钟（M1：2）背面右鼓部铭文，残存铭文1行3字（⅓）

释文：
厥𨑬（圣）亲博（搏）武
攻（功）楚命是
遉（复）敹（定）楚
侯之霹=

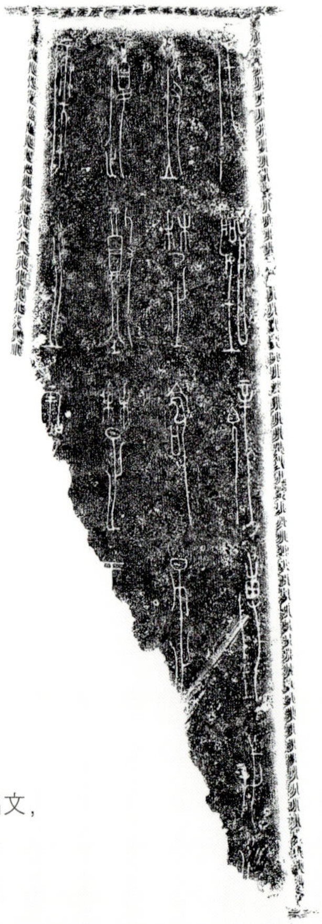

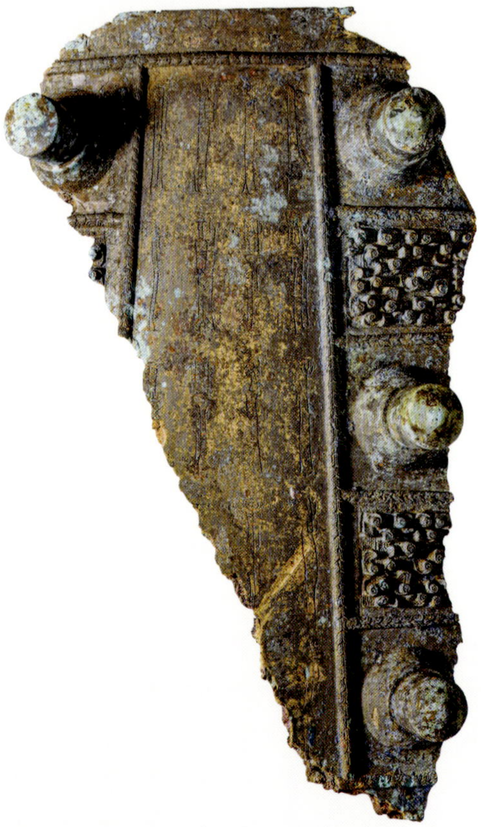

◆ 甬钟（M1：2）背面钲部铭文，铸铭4行，残存15字（⅓）

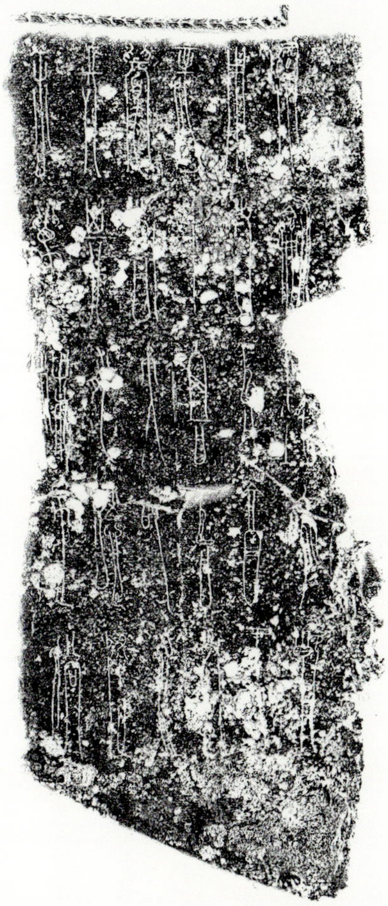

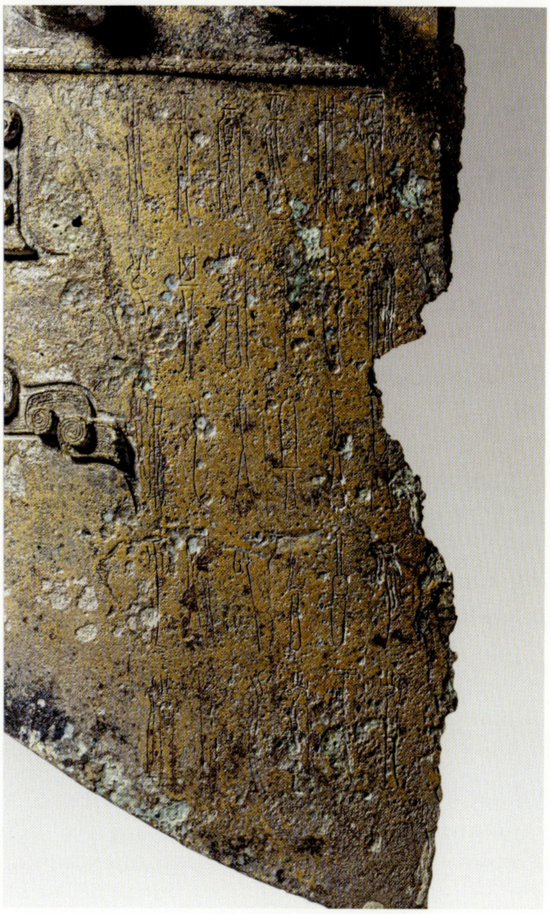

◆ 甬钟（M1：2）正面右鼓部铭文，铸铭6行30字（⅓）

释文：

彝龢钟鸣皝（皇）

用考（孝）台（以）亯（享）于

悴（辟？）皇昌（祖）以蔙（祈）

釁（眉）耇（寿）大命之

长期（其）肫（纯）讁（德）降

畬（余）万殜（世）是惝（尚）

第二组
甬钟

第二组甬钟现存 1 件（M1：3），残破。铭文连读顺序为：正面钲部
→正面左鼓部→背面右鼓部→背面钲部。

03

甬钟 M1：3

文峰塔墓地出土
通高 48.3、钟高 29.2、铣间 20.6、鼓间
16.4 厘米
正面钲部、左鼓部及背面钲部、右鼓
部铸有铭文。

释文：

隹（惟）王十月屆

日庚（？）午曾侯

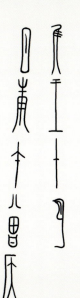

◆ 甬钟（M1：3）正面钲部铭文，铸铭 2 行 10 字（缺字系据文意拟补）（³⁄₅）

释文：
膢（與）曰余
稷之玄
孙穆善（？）
戠（敦）敏（？）恨（畏）

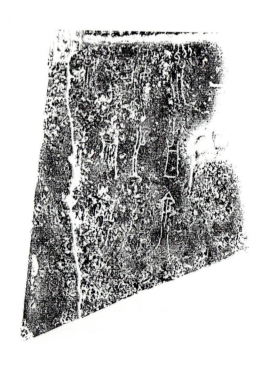

◆ 甬钟（M1：3）正面左鼓部铭文，铸铭4行12字（⅗）

释文：
天之命
羣（定）均（？）曾
士龏（恭？）

◆ 甬钟（M1：3）背面右鼓部铭文，铸铭3行8字（⅗）

释文：
寅（寅）斋繁（盟）戲（吾）台（以
旂（祈）釁（眉）壽（寿）□□

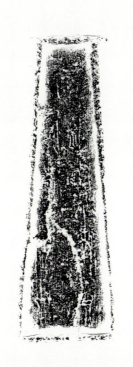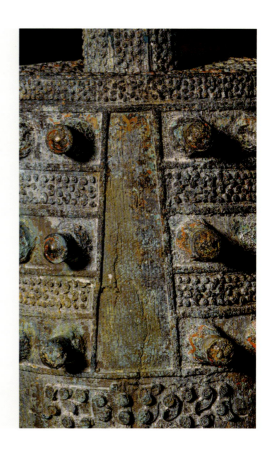

◆ 甬钟（M1：3）背面钲部铭文，残存铭文2行10字（⅗）

439

第三组
甬钟

第三组甬钟5件（M1∶4、5、6、7、8）。5件甬钟铸铭位置、数量不一，铭文的连读顺序也不相同。

◆ 甬钟（M1∶4）背面左鼓部铭文，残存2行2字

释文：备□□金□□

04

甬钟　M1∶4

文峰塔墓地出土
残高 41.1、甬长 18.1 厘米
钟体残破严重，仅存舞部和上部残片。
钲部、左鼓部铸有铭文。

◆ 甬钟（M1：4）正面

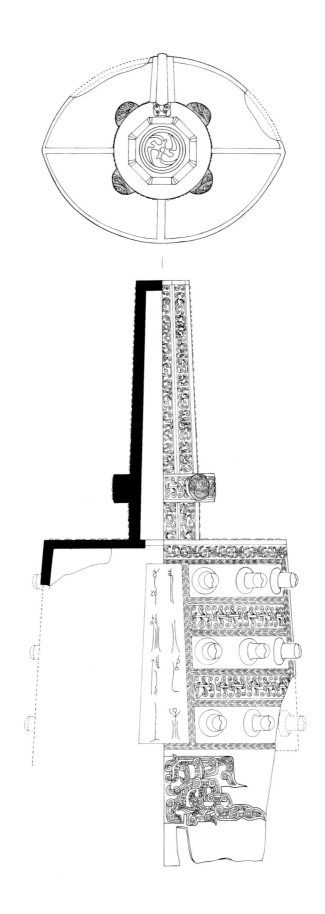

◆ 甬钟（M1∶4）线图（⅖）

释文：

及夫＝（大夫）匽（宴）乐

妥鄉（饗）律（肆？）士

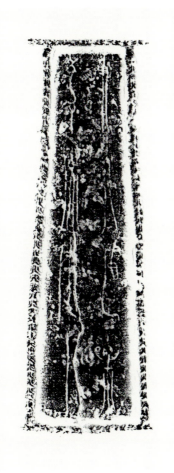

◆ 甬钟（M1∶4）钲部铭文，铸铭 2 行 8 字（⁴/₅）

05

甬钟　M1：5

文峰塔墓地出土

通高 34、钟高 20.3、铣间 14.7、鼓间 11.2 厘米

正面及背面钲部、右鼓部、左鼓部均铸有铭文。铭文内容按顺时针方向读，即：正面钲部→正面左鼓部→背面右鼓部→背面钲部→背面左鼓部→正面右鼓部。

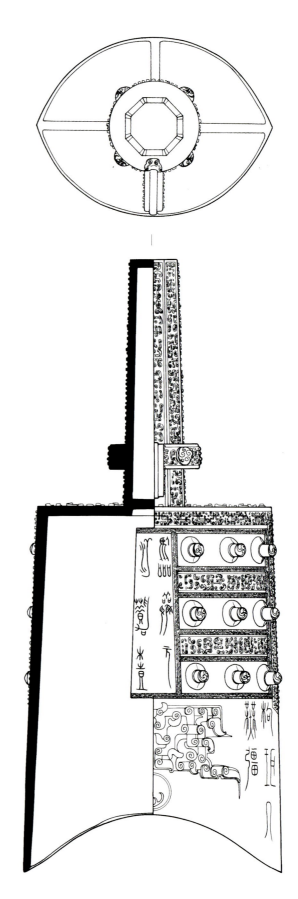

◆ 甬钟（M1：5）线图（½）

◆ 甬钟（M1：5）正面

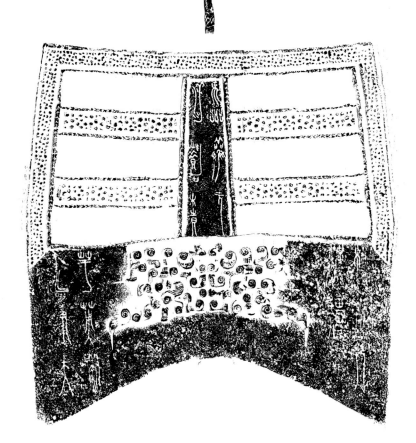

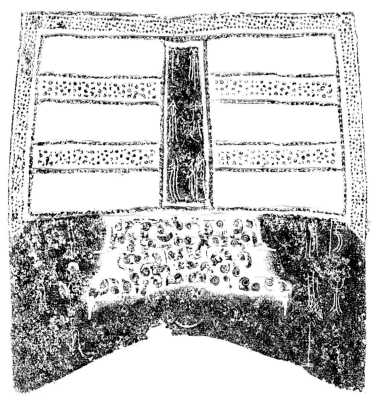

◆ 甬钟（M1:5）铭文拓片（½）

释文：
临观元
洋（？）嘉楮（鼓）

◆ 甬钟（M1：5）正面钲部铭文，铸铭2行6字（⅘）

释文：
芋（竽）莆（镛）戲（吾）
以及夫＝（大夫）

◆ 甬钟（M1：5）正面左鼓部铭文，铸铭2行7字（⅘）

释文：
匽（宴）乐爰
郷（饗）律（肆）士

◆ 甬钟（M1：5）背面右鼓部铭文，铸铭2行6字（⅘）

释文：
备御称
金余永

◆ 甬钟（M1：5）背面钲部铭文，铸铭2行6字（⅕）

释文：

用睋（允）长
难老黄

◆ 甬钟（M1：5）背面左鼓部铭文，铸铭2行6字（⅘）

释文：

枸（耇）珥（弭）冬（终）
无疆

◆ 甬钟（M1：5）正面右鼓部铭文，铸铭2行5字（⅘）

06

甬钟   M1：6

文峰塔墓地出土
通高 23.4、钟高 14、铣间 9.8 厘米
正面钲部、右鼓部、左鼓部铸有铭文。

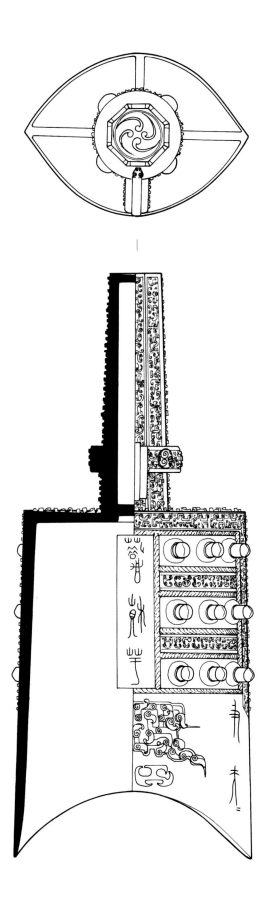

◆ 甬钟（M1：6）线图（⅔）

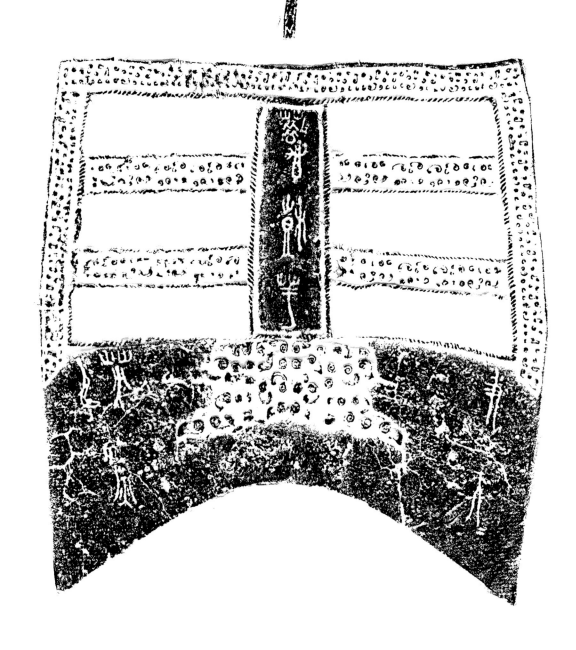

◆ 甬钟（M1∶6）铭文拓片（⅟₁）

释文：嘉楈（鼓）芋（竽）

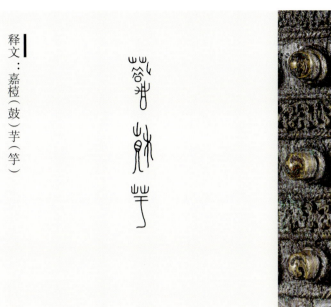

◆ 甬钟（M1：6）正面钲部铭文，铸铭1行3字（⁴/₅）

释文：
以 甫（镛）歔（吾）

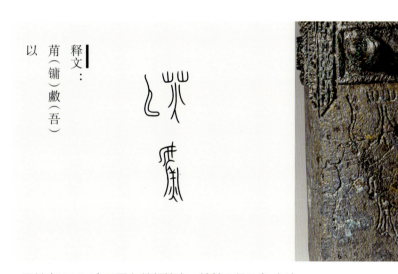

◆ 甬钟（M1：6）正面左鼓部铭文，铸铭2行3字（⁴/₅）

释文：及夫=（大夫）

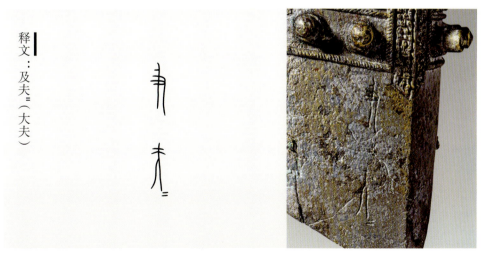

◆ 甬钟（M1：6）正面右鼓部铭文，铸铭1行3字（⁴/₅）

07

甬钟　M1：7

文峰塔墓地出土
通高 19.2、钟高 12、铣间 7.9、鼓间 6.1
厘米
正面钲部、右鼓部、左鼓部铸有铭文。

◆ 甬钟（M1∶7）甬部

◆ 甬钟（M1∶7）正鼓部

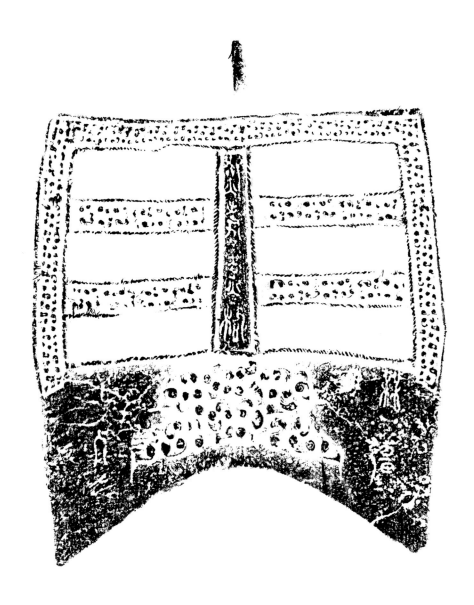

◆ 甬钟（M1：7）铭文拓片（¹⁄₁）

释文：难老黄耇（耇）

◆ 甬钟（M1：7）正面钲部铭文，铸铭 1 行 4 字（⅟₁）

释文：珥（弭）冬（终）

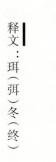

◆ 甬钟（M1：7）正面左鼓部铭文，铸铭 1 行 2 字（⅟₁）

释文：无疆

◆ 甬钟（M1：7）正面右鼓部铭文，铸铭 1 行 2 字（⅟₁）

08

甬钟   M1：8

文峰塔墓地出土
通高 19.3、钟高 11.7、铣间 8.2、鼓间 5.4
厘米
正面钲部、右鼓部、左鼓部铸有铭文。

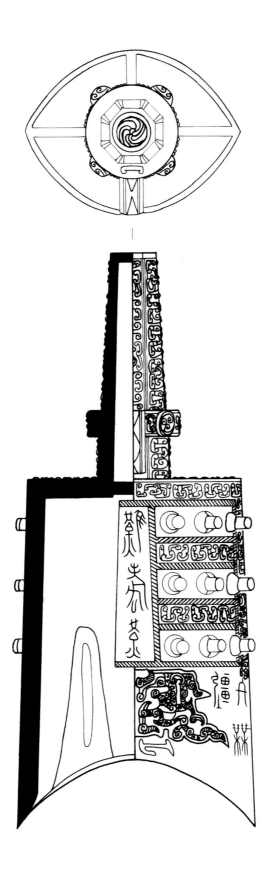

◆ 甬钟（M1 : 8）线图（⁴/₅）

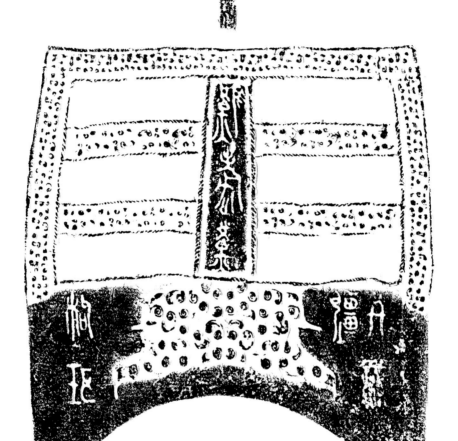

◆ 甬钟（M1：8）铭文拓片（⅟₁）

释文：难老黄

◆ 甬钟（M1：8）正面钲部铭文，铸铭1行3字（⅘）

释文：枸（耈）珥（弭）

◆ 甬钟（M1：8）正面左鼓部铭文，铸铭1行2字（⅘）

释文：冬（终）无疆

◆ 甬钟（M1：8）正面右鼓部铭文，铸铭2行3字（⅘）

钟身为合瓦形，舞部正中有上细下粗八棱形甬，甬下部附有一环带状圈旋，旋一侧上附有长方形斡。钲四周界以绹索纹，正反面篆间各饰柱状枚九个，枚顶中央突起，枚底有圆形基座。甬体满饰蟠虺纹，间饰细密几何纹；带状旋上间饰圆涡纹四个，间饰几何纹；斡饰细密蟠虺纹；舞部及篆带饰蟠虺纹。

钟体正反两面的钲部、左右鼓部均铸有铭文，共计34字。铭文的连读顺序为：背面右鼓部→背面钲部→背面左鼓部→正面右鼓部→正面钲部→正面左鼓部。

◆ 甬钟（M4：016）正面

09

甬钟 M4：016

文峰塔墓地出土

通高 43.4、钟高 26.8、铣间 19.5、舞修 17、舞广 12.5 厘米、重 9415 克

正面及背面钲部、右鼓部、左鼓部均铸有铭文。

◆ 甬钟（M4：016）背面

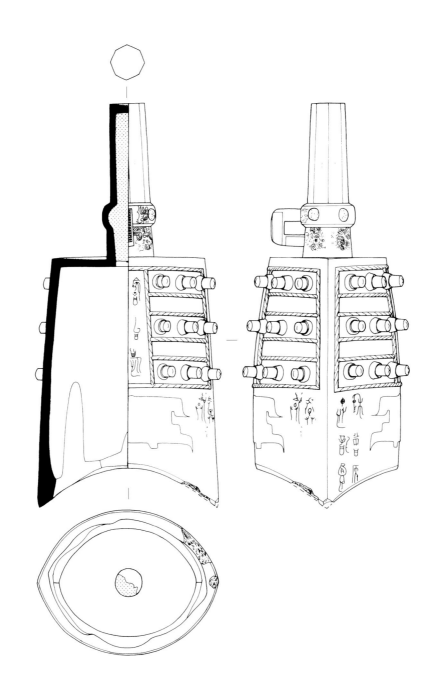

◆ 甬钟（M4：016）线图（¼）

2

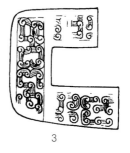

3

1

4

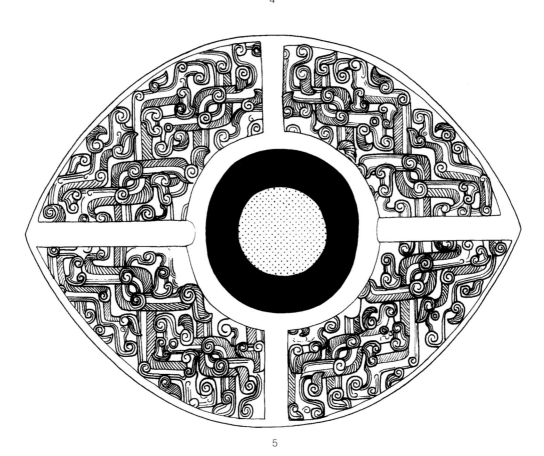

5

◆ 甬钟（M4：016）局部纹饰（¼）

1.甬部　2.篆部　3.斡　4.正鼓部　5.舞部

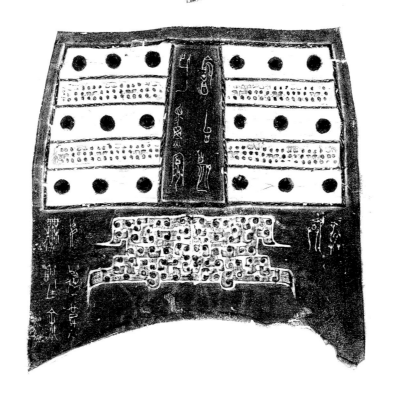

◆ 甬钟（M4：016）正面铭文拓片（⅓）

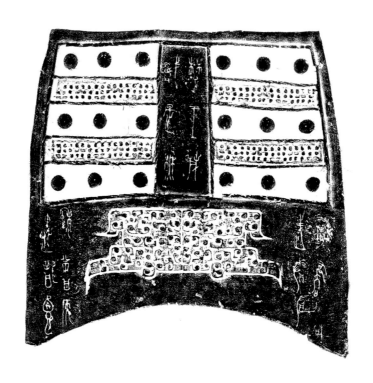

◆ 甬钟（M4：016）背面铭文拓片（⅓）

释文：
命台（以）憂（忧）
此鰥寡

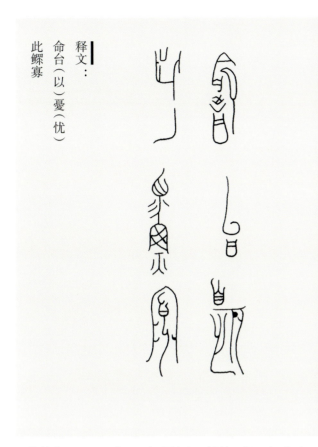

◆ 甬钟（M4：016）正面钲部铭文，铸铭2行6字（⅕）

释文：
妥遗（?）皮（彼）
无□余

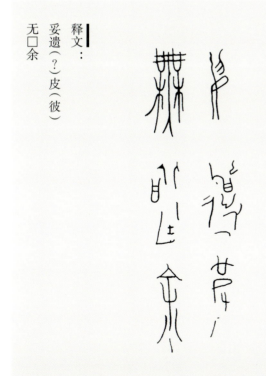
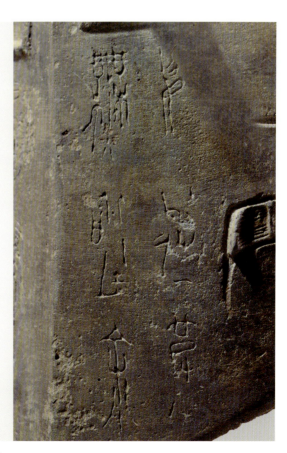

◆ 甬钟（M4：016）正面左鼓部铭文，铸铭2行6字（⅕）

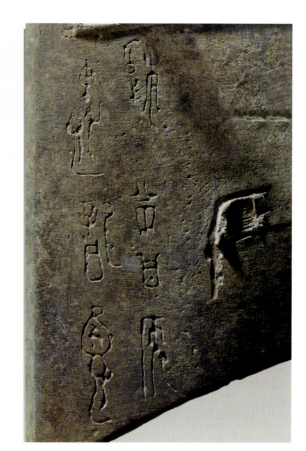

释文：
穆曾侯
愧（慨）记温

◆ 甬钟（M4：016）背面左鼓部铭文，铸铭2行6字（¼）

释文：
龚
□

◆ 甬钟（M4：016）正面右鼓部铭文，铸铭2行2字（⅕）

武左右

释文：
徇乔（骄？）壮

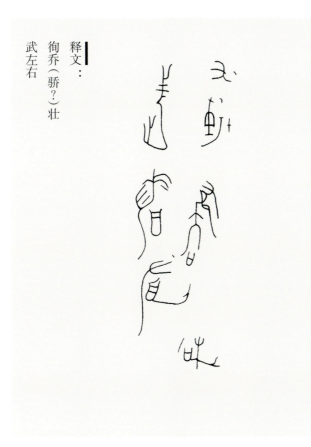

◆ 甬钟（M4：016）背面右鼓部铭文，铸铭2行6字（⅕）

讨是许

释文：
楚王弗

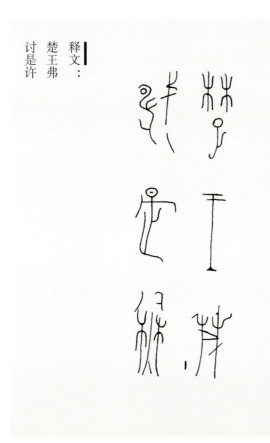

◆ 甬钟（M4：016）背面钲部铭文，铸铭2行6字（⅕）

7

［第七单元］

曾侯子编钟

◎ 曾侯子编钟目前见有四组25件，《商周青铜器铭文暨图像集成续编》上见有镈钟一组4件，钮钟一组8件；《商周青铜器铭文暨图像集成》上见有镈钟一组4件，钮钟一组9件。8件镈钟形制及纹饰相同，大小相次，钟体呈合瓦形，双龙形钮，龙张口向下接于舞部，尾相连，钲间和篆间以凸棱作界格，每面有六组低乳形枚，于部曲度不大。篆间饰对角夔龙纹，鼓部饰相对的双龙纹，舞部饰夔龙纹。17件钮钟形制及纹饰相同，大小相次，钟体呈合瓦形，椭环形钮，钲间和篆间以凸棱作界格，每面有六组低乳形枚。篆间饰对角夔龙纹，鼓部饰相对的双龙纹，舞部饰变形夔龙纹。

4件镈钟形制、纹饰及铭文相同，大小相次。均为钲部、左鼓部铸铭，其中钲部2行12字，左鼓部2行7字，共计19字。

释文：

丁亥曾侯子择

佳（唯）王正月初吉

◆ 钲部铭文

释文：

乍（作）行镈

其吉金自

◆ 左鼓部铭文

01

镈钟

通高 30.8、铣间 18.8 厘米
钲部及左鼓部铸铭 19 字。

释文：

佳（唯）王正月初吉

丁亥曾侯子择

◆ 钲部铭文

释文：

其吉金自

乍（作）行镈

◆ 左鼓部铭文

02

镈钟

通高 29.8、铣间 18.2 厘米

钲部及左鼓部铸铭 19 字。

释文：
佳（唯）王正月初吉
丁亥曾侯子择

◆ 钲部铭文

释文：
其吉金自
乍（作）行镈

◆ 左鼓部铭文

03

镈钟

通高 28.8、铣间 17 厘米
钲部及左鼓部铸铭 19 字。

◆ 钲部铭文

释文：
丁亥曾侯子择
隹（唯）王正月初吉

◆ 左鼓部铭文

释文：
乍（作）行镈
其吉金自

04

镈钟

通高 27.5、铣间 16.2 厘米
钲部及左鼓部铸铭 19 字。

第一组钮钟8件，形制、纹饰相同，大小相次。均为钲部、左鼓部铸铭，铭文略有差异。

释文：曾侯子之

◆ 钲部铭文

释文：永用之

◆ 左鼓部铭文

05

钮钟

通高 24.5 厘米
钲部及左鼓部铸铭 7 字。

释文：曾侯子之

◆ 钲部铭文

释文：永用之

◆ 左鼓部铭文

06

钮钟

通高 23.2 厘米
钲部及左鼓部铸铭 7 字。

释文：曾侯子之

◆ 钲部铭文

释文：
其
永用之

◆ 左鼓部铭文

07

钮钟

通高 23 厘米
钲部及左鼓部铸铭 8 字。

释文：曾侯子之

◆ 钲部铭文

释文：其用之

◆ 左鼓部铭文

08

钮钟

通高 18.8 厘米
钲部及左鼓部铸铭 7 字。

释文：曾侯子之

◆ 钲部铭文

释文：
用 其
之 永

◆ 左鼓部铭文

09

钮钟

通高 17.6 厘米
钲部及左鼓部铸铭 8 字。

释文：曾侯子之

◆ 钲部铭文

释文：其永之

◆ 左鼓部铭文

10

钮钟

通高 15.8 厘米
钲部及左鼓部铸铭 7 字。

释文：曾侯子

◆ 钲部铭文

释文：之行

◆ 左鼓部铭文

11

钮钟

通高 14.8 厘米

钲部及左鼓部铸铭 5 字。

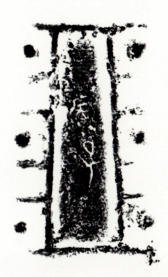

释文：曾侯子

◆ 钲部铭文

释文：之

◆ 左鼓部铭文

12

钮钟

通高 13.7 厘米

钲部及左鼓部铸铭 4 字。

第二组
钮钟

第二组钮钟9件，形制、纹饰相同，大小相次。个体稍大的几件钮钟均钲部、右鼓部、左鼓部三处铸铭，共计10字，连读成句；后两件个体较小的钮钟，铭文共计10字，连读成句。

释文：曾侯子之

◆ 钲部铭文

13

钮钟

通高 25.7、铣间 15.8 厘米
钲部、右鼓部及左鼓部铸铭 10 字。

释文：其行钟

◆ 右鼓部铭文

释文：永用之

◆ 左鼓部铭文

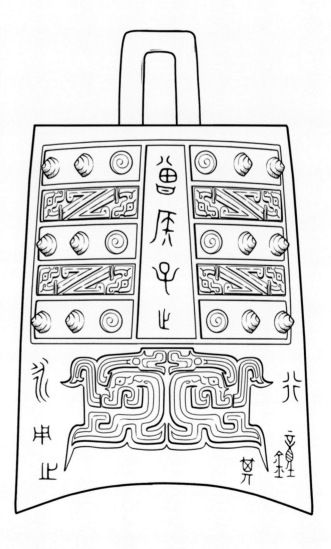

◆ 钮钟线图（½）

释文：曾侯子之

◆ 钲部铭文

释文：其
行
钟

◆ 右鼓部铭文

释文：永用之

◆ 左鼓部铭文

14

钮钟

通高 24.2、铣间 15.4 厘米

钲部、右鼓部及左鼓部铸铭 10 字。

释文：曾侯子之

◆ 钲部铭文

释文：行钟

◆ 右鼓部铭文

释文：
其
永用之

◆ 左鼓部铭文

15

钮钟

通高 22.8、铣间 14 厘米
钲部、右鼓部及左鼓部铸铭 10 字。

释文：曾侯子之行

◆ 钲部铭文

释文：钟其

◆ 右鼓部铭文

释文：永用之

◆ 左鼓部铭文

16

钮钟

通高 21、铣间 13 厘米
钲部、右鼓部及左鼓部铸铭 10 字。

释文：曾侯子之

◆ 钲部铭文

释文：行钟

◆ 右鼓部铭文

释文：其用之

◆ 左鼓部铭文

17

钮钟

通高 19.9、铣间 12.1 厘米
钲部、右鼓部及左鼓部铸铭 9 字。

18

钮钟

通高 18.9、铣间 11.6 厘米
钲部、右鼓部及左鼓部铸铭 10 字。

释文：曾侯子之

◆ 钲部铭文

释文：行钟

◆ 右鼓部铭文

释文：其永用之

◆ 左鼓部铭文

◆ 钲部铭文

释文：行钟

◆ 右鼓部铭文

释文：
用
其永之

◆ 左鼓部铭文

19

钮钟

通高 18.6、铣间 9.8 厘米
钲部、右鼓部及左鼓部铸铭 10 字。

释文：曾侯子

◆ 钲部铭文

释文：之行

◆ 左鼓部铭文

20

钮钟

通高 15.6、铣间 9 厘米
钲部及左鼓部铸铭 5 字。

释文：钟

◆ 钲部铭文

释文：永用

◆ 右鼓部铭文

释文：用之

◆ 左鼓部铭文

21

钮钟

通高 14.5、铣间 8.6 厘米
钲部、右鼓部及左鼓部铸铭 5 字。

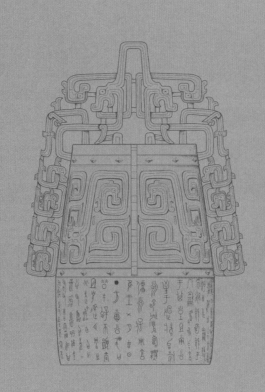

后 记

　　《龢钟鸣凰——春秋曾国编钟》立足于随州义地岗墓群枣树林墓地新出土编钟材料，另搜集已发表和传世编钟资料，从出土埋藏、编钟组合、器物形制、铸造铭文等方面对编钟进行介绍，力争向读者全面展示春秋时期曾国青铜编钟。

　　图录涉及编钟的形制、线图、照片、拓片、乐律及铭文等方面内容，实非一己之力能够完成，其中凝聚了多人的智慧和劳动，在此对为本图录付出的诸位表以诚挚的感谢！

　　杨力完成了图录中绝大部分器物的摄影工作，编钟出土照片由项军拍摄。部分编钟破碎较甚，为了向读者呈现出更好的拍摄效果，说是绞尽脑汁亦不为过；编钟体形较大，重达数十斤，拍摄中付出的体力和汗水一言难表。

　　青铜编钟的拓片工作由王效韫、熊燕、余霜、朱喜梅等完成；临时修复工作由张艳芳、朱喜梅完成；器物卡片由王玉杰、左德田等制作；器物线图及编钟铭文摹本由武保林、刘申迪绘制；编钟铭文部分由凡国栋释读。

　　衷心感谢厦门大学张闻捷教授、北京大学陈建立教授、湖北省博物馆张翔研究员不吝赐稿。

　　图录的完成得到了湖北省文化和旅游厅、湖北省文物考古研究院、随州市博物馆的大力支持。

　　青铜编钟的研究是系统性工作，涉及考古学、古文字学、音乐考古学等诸多学科，综合考量及整体把控难度颇高，力有不逮之处诸多，以期读者斧正。

编 者